Silverman's First Year Ancient Greek

The Erechtheion on the Athenian Acropolis

Everything in this book is the intellectual property of Jonathan Silverman. Any unauthorized reproduction or usage of this book without the express written consent of the publisher is prohibited and subject to swift and painful reprisal.

Copyright © 2008 Jonathan Silverman
All rights reserved.

Silverman's First Year Ancient Greek

First Edition

© 2008 by Jonathan A Silverman

All rights reserved. Subject to the exception immediately following, this book may not be reproduced, in whole or in part, in any form (beyond that copying permitted by Sections 107 and 108 of the U.S. Copyright Law and except by reviewers for the public press), without written permission from the publisher.

ISBN-13: 9780996901109

ISBN-10: 0996901109

Published by Jonathan Silverman

Cover design by Marie Faye Silverman & Jonathan Silverman

Photographs by Marie Faye Silverman & Jonathan Silverman

Fonts: Times New Roman, SPIonic, Lucida Calligraphy

silvermansclassics@gmail.com

Φῇ
For Faye,
my one and only,
the great love of my life.
To you this work is dedicated
as a monument of your patience and love.

Ἔρος δαὖτ' ἐτίναξεν ἔμοι φρένας,
ἄνεμος κατ' ὄρος δρύσιν ἐμπέσων.
—Σαπφώ

Now Eros shakes my soul,
A wind on the mountain overwhelming the oaks

TABLE OF CONTENTS

Ackowledgments	vii	
Introduction	ix	
	TOPIC	PAGE
Chapter 1-	alphabet, pronunciation	1
Chapter 2-	accents, definite article	5
Chapter 3-	cases of nouns, 1st declension nouns	11
Chapter 4-	2nd declension, 2nd declension neuter	21
Chapter 5-	principal parts, present & future tenses	31
Chapter 6-	adjectives, the imperative; adverbs	41
Chapter 7-	the infinitive; αὐτος; μέγας; πολύς	50
Chapter 8-	personal pronouns; reflexive pronouns	61
Chapter 9-	interrogatives; πᾶς, πᾶσα, πᾶν	70
Chapter 10-	the imperfect tense; dative of means	79
Chapter 11-	contracts- epsilon; result clauses	88
Chapter 12-	contracts- alpha; indirect statement	98
Chapter 13-	middle voice	108
Chapter 14-	participles	123
Chapter 15-	3rd declension nouns	135
Chapter 16-	the aorist tense	146
Appendix-		157
Glossary-		175

Acknowledgments

The author would like to greatly thank several people for their invaluable help and support in creating this book. First and foremost is my wife, Faye Silverman, whose patience and understanding are beyond measure, and without whose advice, editing and love, this could never have been accomplished. She is a constant inspiration, an eternal font of aid and advice, and truly embodies the phrase 'my better half.' You are my πάρθενον ἀδύφωνον (sweet-voiced maiden). Next are my parents, who never seemed to mind when I told them I wanted to major in Classics in college, or live with them for several years while my teaching career got off the ground. My longtime colleague and friend Michele Cella, who taught me most of what I know about teaching and is a constant source of inspiration. Dr. Scott Mosenthal who first allowed me to teach Ancient Greek at Irvington High School many years ago. And finally, my students over the years who have helped me feel that there is still a place in this world for Ancient Greek and Classics. They have also served as a sounding board and proof readers every time I teach this class, and their assistance has made this book vastly better than it once was. Any mistakes that remain are completely my own.

INTRODUCTION

Greek is a language unlike any other studied in schools today. It is beautiful, sophisticated and nuanced, and it is no coincidence that this language produced the first complex literature in the Western world. This book is your introduction to that world. Along with Silverman's Second Year Ancient Greek, this is meant to be a stand-alone introductory course for High School students in Ancient Greek. Having myself been a college and graduate student in several different institutions, as well as a High School teacher for more than a dozen years, I have learned there is quite a difference between the two requiring different approaches and this book was crafted with that in mind. Its ideal audience meets every school day over the course of the year and has time to take modest steps: transitioning in each chapter from grammar and vocabulary to simple exercises in order to reinforce the material, which enables reading sentences, finally being able to translate longer stories which share some of the mythology and history of the Ancient Greek Civilization. Since I first started using a draft version of this book many years ago in my own classes, I have found that it helps to supplement the exercises with ones of your own creation, especially early on in their learning when doing accents and cases. Should you desire some which I have already created to accompany this book, or wish to discuss some aspect of it, you may email me at silvermansclassics@gmail.com.

In creating a textbook series for the secondary school level, I aligned it with the syllabus put forth by the American Junior Classical League's National Greek Exam, for it seemed like a good place to start, considering that few national standards exist for Ancient Greek. Not everything on that syllabus appears in these textbooks; for those not familiar with the syllabi for Beginning & Intermediate Attic Greek, it leaves out a few rather significant topics, such as the perfect & pluperfect tenses, the passive voice and the optative mood. These, likewise, do not appear in these books; yet what remains will provide (and has in my own classroom) a solid foundation for the advanced study of Greek. Further, should you be fortunate enough to study past the first two years of Greek in your school, I have used several excellent resources which I could recommend, including Plato, A Transitional Reader by Wilfred Major & Abigail Roberts, and any of the readers produced by Geoffrey Steadman, which can be purchased on Amazon (I am quite fond of his Symposium). This textbook series, in conjunction with those works, provides an excellent summative experience for a High School student's study of Ancient Greek, preparing them for study at the college level.

Ancient Greek isn't dead; it is and always has been relevant. But it can't survive at the college level unless we reintroduce it to the secondary school. Not everyone who studies Greek needs become a Classics Major in college, but I am sure that almost every student whom I have even taught with this book has found Greek to be an experience that has enriched their lives. This is the mission, and I hope you, the secondary school teacher and student, will join me in the belief that Greek is more than just an interesting and worthwhile subject whose importance does not diminish with time, but a fundamental building block to the education of the Western mind.

J.A.S. 2015

Zeus the Thunder-Hurler,
Bronze Statue, National Archeology Museum, Athens

Chapter 1 - The Alphabet

I. <u>The Greek Alphabet</u>: The Greek alphabet has 24 letters.

<u>Letter</u>	<u>Name</u>	<u>Sounds like</u>
α A	alpha	long - f**a**ther
		short- dram**a**
β B	beta	**b**in
γ Γ	gamma	**g**irl
δ Δ	delta	**d**og
ε E	epsilon	b**e**t (always short)
ζ Z	zeta	a**dd**s, ga**dz**ooks (sounds like 'dz')
η H	eta	w**ai**t, b**ai**t (always long)
θ Θ	theta	**th**eater
ι I	iota	long- m**ee**t
		short- b**i**t
κ K	kappa	**k**ite
λ Λ	lambda	**l**ight
μ M	mu	**m**an
ν N	nu	**n**oun
ξ Ξ	xi	coa**x**, e**x**cept, ta**x**i, (sounds like 'ks')
o O	omicron	th**ou**ght (always short)
π Π	pi	**p**aper
ρ P	rho	**r**ain
σ Σ ς	sigma	**s**at (ς replaces σ at the end of words)
τ T	tau	**t**able
υ Y	upsilon	long- b**oo**t
		short- b**u**t
φ Φ	phi	**f**it, **ph**ilosophy
χ X	chi	bac**kh**and
ψ Ψ	psi	fla**ps**, u**ps**et (sounds like 'ps')
ω Ω	omega	t**o**tal (always long)

II. <u>Long & Short Vowels</u>: as you saw in the chart above, some vowels are always long, some always short, and some can be either. If a macron (‾) appears above a vowel, it is long.

Short Vowels	Long Vowels
α	ᾱ
ι	ῑ
υ	ῡ
ε	η
ο	ω

You'll see that α, ι, and υ can be either long or short. ε becomes an η when it is long, and ο becomes an ω when it is long.

III. <u>Rough and Smooth Breathing</u>: Greek does not have a letter for "h." Instead, when a word begins with a vowel or a ρ, it will have either a rough (ʽ) or smooth (ʼ) breathing mark over the vowel. The rough breathing mark corresponds to an "h" sound at the beginning of a word, while a smooth breathing mark makes no sound:

Examples:
    ἀναλογία– analogy   ἁρμονία– **h**armony
    ἰσθμός– neck   ἱστορία– **h**istory
    ὀλιγαρχία– oligarchy   ἑξάγωνον– **h**exagon
    ὀρθός– straight   ῥαψῳδός– recital

IV. <u>Iota Subscripts</u>: Sometimes, a small iota will appear underneath another vowel. This is a leftover of an archaic form, and *is not pronounced*.

    ζῷον– animal
    ᾐῷος– eastern
    ἐν τῇ ἀγορᾷ– in the agora

V. <u>Double Gammas</u>: Two gammas (γγ) together actually produce an "ng" sound.

    ἄγγελος –   ang- el – os   -a messenger
    φθόγγος –   ph- thong- os   -a sound

V. <u>Diphthongs</u>: When two vowels are pronounces as one, it is called a diphthong. There are 6 common diphthongs in Greek:

αι— Pronounced like a long 'i'- de**fy**, f**i**ne   (Like the 'ae' diphthong in Latin)
αυ— Pronounced like 'ow'- pl**ow**   (Like you stubbed your toe)
ει— Pronounced like saying the letter 'a'- w**eigh**t (Like the Fonz)
ευ— Pronounced like 'ε + υ'   (Like you stepped in something nasty)
οι— Pronounced like 'oy'- b**oy**, s**oi**l   (Like my Jewish Grandma)
ου— Pronounced like 'oo'- b**oo**t, s**ou**p   (Like you just saw someone doing something they shouldn't be)

Exercise 1 α: Pronounce the following words

1- παῖς, παιδός – child
2- σεισμός – earthquake
3- Τροία – Troy
4- θαῦμα – a marvel, wonder
5- εὕρηκα – I discovered
6- βουλή – the Athenian Council
7- ῥητορική – rhetoric
8- ἵππος – horse
9- Αἰσχύλος – Aeschylus (poet)
10- ναῦς – ship
11- Φειδίας – Pheidias (sculptor)
12- Εὔβοιοα – Euboea (an island)
13- μοῖρα – fate
14- πούς, ποδός – foot
15- ἥλιος – the sun
16- ἕλιξ – helix
17- αὐτός – self
18- ψευδῆ – lie
19- βοῦς – cow
20- Λακεδαιμόνιοι – The Spartans
21- τρεῖς – three
22- οἶκος – house
23- μανία – madness
24- θεός – god
25- μοῦσα – Muse
26- ποίημα – poem
27- δεύτερος – 2nd (Deuteronomy)
28- εἰκών – painting, picture
29- σαῦρος – lizard
30- ἐγκυκλοπαίδεια – encyclopedia
31- ψυχή – soul
32- ὄνομα – name
33- παλαίστρα – gymnasium
34- ταὐτά – the same (tautology)
35- Εἵλως, Εἵλοτος – Helot
36- Εὐριπίδης – Euripides (poet)
37- ὅμοιος – similar
38- ἀκούειν – to hear (acoustic)
39- ἄνθρωπος – man, human
40- σοφία – wisdom
41- Δαρεῖος – Darius (Persian king)
42- Ἀθήνη – Athena
43- Πολύφημος – Polyphemus
44- Ὀλυμπία – Olympia
45- δραχμῆ – drachma (a coin)
46- κλέπτειν – to steal
47- περιπατεῖν – to walk about
48- πτερνοτρώκτης – ham-nibbler
49- σαρκοφάγος – sarcophagus
50- χρυσελεφαντήλεκτρος

VI. <u>Elision</u>: When a word ends in a short vowel, and the following word begins with a vowel of diphthong, sometimes the vowel of the first word is dropped and replaced with an apostrophe. This is done to avoid *hiatus*, or the pause created between two vowel sounds in a row.

Examples:
  ἔχετε ἀρετήν—   ἔχετ' ἀρετήν
  ἡ δὲ ἀγορά—   ἡ δ' ἀγορά
  λύετε ἔμε—   λύ' ἔμε

For the purpose of this book, elision will only be used when reading actual Greek passages.

VII. <u>Punctuation</u>: There are several punctuation marks used in Greek texts, some of which differ from English punctuation:

Colon/Semicolon- ·   -raised dot, used much more commonly than in English.
Question Mark- ;   -the English semicolon is actually a question mark in Greek

*The period and comma are the same as English
*Proper nouns are capitalized, but the first words of sentences are not capitalized

<u>Exercise 1 β</u>: Together we will be reading excerpts from Classical Greek authors

Entrance to the ancient Olympic Stadium, Olympia

Chapter 2- Accents; The Definite Article

I. <u>3 Types of Accents</u>- First, you must know that there are three different types of accents than can appear on a Greek word:

´ **The acute accent**- this can appear on any of the last 3 syllables of a word

      θέατρον   φιλία   ἀρετή

` **The grave accent**- this only appears on the last syllable of a word, when it is followed by another word.

      ἀγορὰ ἑλληνική

^ **The circumflex accent**- this only appears over a long syllable (a vowel with a macron or a diphthong) when it is followed by a short syllable. It will only appear on the last 2 syllables of a word.

      γῆ   δῶρον   εἰρήνη

*note the last example uses an acute accent since both the last 2 syllables are long

II. <u>Uses of the Accent</u>- there are two different ways that accents work in Greek- A. The Recessive Accent & B. The Persistent Accent

A. **The Recessive Accent**- On a verb, the accent will try to move towards the front of the word. The rules are quite simple:

   1. If the final syllable is long or a diphthong, put the accent on the penult
      βα σι λεύ ω   λαμ βά νω   ἀ κού ω

   2. If the final syllable is short, put the accent on the antepenult
      βα σί λευ ε   λάμ βα νε   ἄ κου ε

   3. What if the verb only has 2 syllables?
      βαί νω   παύ ω   λέ γω
      βαῖ νε   παῦ ε   λέ γε

*note- on βαίνω & παύω since the penult is long and the ultima is short, it becomes a circumflex accent- on λέγε the penult is short, so it has to be an acute accent

> **There is one exception when you are accenting- the αι & οι diphthongs at the end of a word count as short when you are accenting:
> λαμ β ά νω   λαμ βά νε ται
> λύ ω   λυ ό με νοι

Exercise 2α: Divide into syllables then put the <u>recessive accent</u> on the following verbs:

1. συλλαμβανεις – you help
2. ἀγομενῳ – to the leading man
3. ἀποκτεινει – he kills
4. ἐθελε – wish!
5. πειθε – persuade!
6. ἐχω – I have
7. βαλετε – y'all throw
8. ἐλαυνω – I drive
9. σπευδε – hurry!
10. μενε – wait!
11. φευγομενοι – the fleeing men
12. φυλαττε – guard!
13. σῳζε – save!
14. λυεται – he is freed
15. τυπτομεν – we strike
16. πεμπομεθα – y'all are sent
17. ἁπτομαι – I seize
18. εἱλυομεν – we roll
19. τρεχουσι – they run
20. ἰσχναιε – dry out!
21. ἱμασσετε – y'all whip
22. γαμιζω – I give in marriage
23. σφαττε – kill!
24. τρῑβεις – you damage
25. φραζομαι – I believe
26. χραυε – wound!
27. ψεγονται – they are blamed
28. ὁπλιζει – he prepares for battle
29. δουλουετε – y'all are slaves
30. περσιζουσι – they imitate Persians
31. πετομαι – I escape
32. ὀψιζομεν – we are late
33. ἐκλανθανω – I forget
34. μὴ ψευδε – don't cheat!
35. βουλουε – make a plan!
36. θεινε – hit!
37. καμνομεν – we work hard
38. ψαλλουσιν – they play the lyre
39. λειβε – pour a libation
40. βοσκονται – they graze

B. **The Persistent Accent**- On a noun or adjective, the accent always wants to stay in the same place, but sometimes it is forced to move or change when a different ending is added to the word. Use the same basic 3 rules as above:
    1. The antepenult can only have an acute accent
    2. The penult can have a circumflex only if it is long and the ultima is short
    3. If the ultima is long, the penult can only have an acute accent

Look at the following examples of persistent accents- note how the accent changes when the ending changes from a short to a long syllable:

α—the accent wants to stay on the same syllable, but sometimes is forced to move when the ending becomes a long syllable:
    κόρη, κόραις   λόγος, λόγου
    θάλαττα, θαλάτταις   πόλεμος, πολέμοις

---

*Note how in the second example, the accent is forced to move from the antepenult to the penult when the ending becomes a long syllable

---

β— if the penult is long and the ultima is short, it has a circumflex accent
    μοῖρα, μοίρας   δῶρον, δώροις
    γλῶσσα, γλώσσαις   πλοῦτος, πλούτου

---

*Note how the circumflex changes to an acute when the final syllable becomes long.
*Remember that final –αι & –οι are counted as short at the end of a word

Exercise 2β: Provide the <u>persistent accent</u> for the other forms, based on the position of the accent on the 1st form:

1. μέλιττα (bee)- μελίτταις   μελιτται   μελιττης

2. πεῖρα (attempt)- πειραι   πειρας   πειραν

3. μανία (madness)- μανιαις   μανιαι   μανιας

4. ἄνθρωπος (man)- ἀνθρωπου   ἀνθρωπῳ   ἀνθρωπον

5. θέατρον (theater)- θεατρῳ   θεατρα   θεατροις

6. σελήνη (moon)- σεληναις   σεληνης   σεληναι

7. μῆλον (apple)- μηλα   μηλοις   μηλῳ

8. ἄγγελος (messenger)- ἀγγέλου   ἄγγελοι   ἀγγέλῳ

9. ὕπνος (sleep)- ὕπνοι   ὕπνῳ   ὕπνοις

10. δίπλαξ (cloak)- διπλακος   διπλακι   διπλακων

III. <u>The Definite Article "The"</u> – If I told you there were 24 different ways to say "the" in English, you'd probably laugh, or cry or throw something heavy at me. Why then should we labor to learn all these forms in Greek? *The trade off is that once you've mastered these forms, you will have learned the endings for most of the nouns and adjectives that you will see this year*!

-Greek, like many European languages, has genders for all its nouns. Like Latin, a noun can be masculine, feminine or neuter. The article also has these three genders so that it can agree with a noun.

-Greek is also a highly inflected language, like Latin. There are 5 cases for every noun: nominative, genitive, dative, accusative and vocative. The uses of these cases will be discussed in the next chapter.

-Here are the forms for the definite article- the gender, case and number (singular or plural) will always match the noun it is describing

	Masc.	Fem.	Neut.
Nom.	ὁ	ἡ	τό
Gen.	τοῦ	τῆς	τοῦ
Dat.	τῷ	τῇ	τῷ
Acc.	τόν	τήν	τό
Nom.	οἱ	αἱ	τά
Gen.	τῶν	τῶν	τῶν
Dat.	τοῖς	ταῖς	τοῖς
Acc.	τούς	τάς	τά

*Note that the genitive and dative forms have a circumflex accent, and nominative and accusative forms have an acute accent. This is the way the accents work on most nouns of the 1st and 2nd declension when the accent falls on the last syllable.

Exercise 2γ: Fill in the correct form of the definite article, making sure it agrees in gender, case & number:

1. _____ ἀρετῆς (fem. gen. s)
2. _____ ἀδελφοί (masc. nom. pl)
3. _____ θεάς (fem. acc. pl)
4. _____ ἵππῳ (masc. dat. s)
5. _____ γῆ (fem. nom. s)
6. _____ ἄντρα (neut. nom. pl)
7. _____ κορῶν (fem. gen. pl)
8. _____ θεοῖς (masc. dat. pl)
9. _____ τύχῃ (fem. dat. s)
10. _____ νήσους (fem. acc. pl)
11. _____ φίλαι (fem. nom. pl)
12. _____ δῶρον (neut. acc. s)
13. _____ θαλάτταις (fem. dat. pl)
14. _____ ἀνθρώπου (masc. gen. s)
15. _____ ἀγοράν (fem. acc. s)
16. _____ πεδία (neut. acc. pl)
17. _____ εἰρήνης (fem. gen. s)
18. _____ λόγον (masc. acc. s)
19. _____ θεάτροις (neut. dat. pl)
20. _____ ἱερῶν (neut. gen. pl)

Artist's rendering of the temple of Artemis at Ephesus

Athena, Panathanaic Prize Amphora
1st half of 2nd Century BC

Chapter 3 - Cases of Nouns; 1st Declension (alpha-stem)

I. Greek has 5 cases for its nouns: Nominative, Genitive, Dative, Accusative and Vocative. The cases are formed by adding an ending to the stem.

Nominative- The subject of the verb

Genitive- Shows possession (of); can be object of a preposition

Dative- The indirect object (to/for); can be object of a preposition

Accusative- The direct object; can be object of a preposition

Vocative- Only used when directly addressing a person or thing ("Hey Bob!")

Examples-
Nominative:	The boy went to school.
Genitive:	The friend of the girl is very nice.
Dative:	I gave a gift to my friend.
Accusative:	We saw the woman at the theater.
Vocative:	Don't say that, Bill.

(You can now do exercise 3α)

Pericles, Athens' greatest leader (British Museum)

II. Greek has 3 declensions of nouns. The 1st declension is often called the 'alpha' declension or 'alpha-stems' for obvious reasons.

There are 2 categories of 1st declension nouns: Those which end in '–η' and those which end in '–α'.

	–η	–α
Nom.	φίλη	θάλαττα
Gen.	φίλης	θαλάττης
Dat.	φίλῃ	θαλάττῃ
Acc.	φίλην	θάλατταν
Voc.	φίλη	θάλαττα
Nom./Voc.	φίλαι	θάλατται
Gen.	φιλῶν	θαλαττῶν
Dat.	φίλαις	θαλάτταις
Acc.	φίλᾱς	θαλάττᾱς

Notes-
*The stem of the noun is always found by dropping the genitive ending.
*The only difference between these is that in the second example, you have short alphas in the nominative and accusative singular- the plurals are exactly the same.
*The vocative plural is <u>always</u> the same as the nominative plural, and is not written separately.
*The genitive plural is always accented on the omega in the 1st declension
*The –αι diphthong is counted as short when accenting the nominative plural.

(you can now do exercise 3β & 3γ)

A potter working at a τράπεζα
(British Museum)

III. When the stem of the 1st declension noun ends in –ε, ι, or ρ, you change the '–η' in the ending to '–α.' Compare the following examples:

	–η	–ε,ι,ρ	–α	–ε,ι,ρ
Nom.	φίλη	ἀγορά	θάλαττα	πεῖρα
Gen.	φίλης	ἀγορᾶς	θαλάττης	πείρᾱς
Dat.	φίλῃ	ἀγορᾷ	θαλάττῃ	πείρᾳ
Acc.	φίλην	ἀγοράν	θάλατταν	πεῖραν
Voc.	φίλη	ἀγορά	θάλαττα	πεῖρα
Nom.	φίλαι	ἀγοραί	θάλατται	πεῖραι
Gen.	φιλῶν	ἀγορῶν	θαλαττῶν	πειρῶν
Dat.	φίλαις	ἀγοραῖς	θαλάτταις	πείραις
Acc.	φίλᾱς	ἀγορᾱ́ς	θαλάττᾱς	πείρᾱς

*Like the article, when the accent falls on the last syllable it will be an acute in the nominative and accusative; it will be a circumflex in the genitive and dative
*Just remember- you always have an –α ending after an –ε, ι, or ρ
(You can now do exercise 3δ,ε,ζ,η)

Vocabulary

Nouns:
ἀγορά, ἀγορᾶς, ἡ – agora
ἀρετή, ἀρετῆς, ἡ – bravery, courage, virtue
γῆ, γῆς, ἡ – land, earth
θάλαττα, θαλάττης, ἡ – sea
θεά, θεᾶς, ἡ – goddess
κόρη, κόρης, ἡ – girl, daughter
τύχη, τύχης, ἡ – fortune, luck
φίλη, φίλης, ἡ – friend (female)

Verbs:
ἐστί – he/she/it is
ἔχει – he/she/it has
ἔχουσι(ν) – they have

φιλεῖ – he/she/it likes, loves
φιλοῦσι(ν) – they like, love

Prepositions:
ἐν + dative – in, on
πρός + dative – near
πρός + accusative – to, towards

Conjunctions:
ἀλλά – but
καί – and, also
οὐ, οὐκ, οὐχ – no

Vocabulary Notes & Derivatives:

ἀγορά – agoraphobia (fear of going outside, 1st described by the Greek doctor Hippocrates)

γῆ – geology, geocentric, geography, geometry

ἐν – enclitic, encyclopedia, energy

ἔχει – scheme

θάλαττα – thalassocracy, Panthalassa (the sea which surrounded Pangea)

θεά – theology, theocracy, pantheon, atheist (a= without [the alpha privative]

καὶ – triskaidekaphobia (fear of 3 and 10= 13)

κόρη – Corinna (little maiden)

πρὸς – proselytize

note that this preposition can take two cases- the dative means there is no motion (near) and the accusative means motion towards (to, towards)

φίλη – philosophy, bibliophile, Francophile

The Reconstructed Stoa of Attalus, as seen from the Acropolis

Exercise 3α – label the case of the underlined nouns in the following sentences:

1- Jim saw his mother.

2- The girl likes her friend.

3- The friend of the boy is very nice.

4- We gave a gift to the friends.

5- The start of the race was very exciting.

6- Give me the money, Pericles!

7- The girls are coming over for dinner.

8- I need help, Phidippides.

9- Will you show the movie to me?

10- Are you Greek, Daphne?

11- The enemy of my enemy is my friend.

12- Where did you go Alcibiades?

13- Sophocles wrote the best plays.

14- Did you see the game, Homer?

15- He doesn't have any money for me.

Exercise 3β— Decline the following nouns with their articles & give translations:

1- ἡ μάχη (the battle)

Nom.
Gen.
Dat.
Acc.
Voc.

Nom./Voc.
Gen.
Dat.
Acc.

2- ἡ τράπεζα (the table)

Nom.
Gen.
Dat.
Acc.
Voc.

Nom./Voc.
Gen.
Dat.
Acc.

3- ἡ γραφή (the painting)

Nom.
Gen.
Dat.
Acc.
Voc.

Nom./Voc.
Gen.
Dat.
Acc.

4- ἡ ἅμαξα (the wagon)

Nom.
Gen.
Dat.
Acc.
Voc.

Nom./Voc.
Gen.
Dat.
Acc.

Exercise 3γ – Translate the underlined word into Greek (the word is provided in parentheses). Remember to use the article where necessary.

1- I love the sea. (θάλαττα)

2- I love my friend. (φίλη)

3- Artemis was the goddess of the forests. (ὕλη)

4- She gave a gift to (her) friend. (φίλη)

5- The leg of the table is broken. (τράπεζα)

6- The Greeks won many victories against the Persians. (νίκη)

7- The languages of foreigners were strange to the Greeks. (γλῶσσα)

8- Why would you give honey to the bee. (μέλιττα)

9- The artist of the painting is very talented. (γραφή)

10- Give help to the friends in need. (φίλη)

11- Many Greek men desired great fame. (δόξα)

12- I earned many drachmas for my work. (δραχμή)

The interior of the reconstructed Stoa of Attalus in the Athenian Agora.

Exercise 3δ— Decline the following nouns with their articles & give translations:

1- ἡ οἰκίᾱ (the house)　　　　2- ἡ καρδία (the heart)

Nom.　　　　　　　　　　　　Nom.
Gen.　　　　　　　　　　　　Gen.
Dat.　　　　　　　　　　　　Dat.
Acc.　　　　　　　　　　　　Acc.
Voc.　　　　　　　　　　　　Voc.

Nom./Voc.　　　　　　　　　Nom./Voc.
Gen.　　　　　　　　　　　　Gen.
Dat.　　　　　　　　　　　　Dat.
Acc.　　　　　　　　　　　　Acc.

3- ἡ μοῖρα (the fate)　　　　　4- ἡ ἀγορά (the market)

Nom.　　　　　　　　　　　　Nom.
Gen.　　　　　　　　　　　　Gen.
Dat.　　　　　　　　　　　　Dat.
Acc.　　　　　　　　　　　　Acc.
Voc.　　　　　　　　　　　　Voc.

Nom./Voc.　　　　　　　　　Nom./Voc.
Gen.　　　　　　　　　　　　Gen.
Dat.　　　　　　　　　　　　Dat.
Acc.　　　　　　　　　　　　Acc.

Exercise 3ε– Translate into English:

1- ἡ κόρη ἐστὶ ἐν τῇ ἀγορᾷ.

2- αἱ φίλαι τῆς κόρης τύχην ἔχουσι.

3- ἡ θεὰ ταῖς κόραις οὐ λέγει (speak).

4- ἡ τῆς θεᾶς φίλη ἐστὶ κόρη.

5- ἡ κόρη ἀρετὴν καὶ τύχην οὐκ ἔχει.

6- ἡ ἀγορὰ οὔκ ἐστι πρὸς τῇ θαλάττῃ.

7- ἡ τῆς κόρης γῆ ἐστι πρὸς τῇ ἀγορᾷ.

8- αἱ τῶν μοιρῶν θεαὶ ἀρετὴν φιλοῦσι.

9- ἡ ὕλη ἐστὶ ἐν τῇ τῆς κόρης γῇ.

10- ἡ θεὰ δόξαν ἐν τῇ γῇ ἔχει.

Exercises 3ζ– Translate into Greek:
1- The girls have courage.

2- The girl loves the goddesses.

3- The friend is in the agora.

4- The girl does not have luck.

5- The friend is not near the sea.

Daphne

ἐν τῇ ὕλῃ ἐστὶ μικρὰ οἰκία. ἡ δὲ οἰκία ἐστὶ τῆς κόρης καὶ τὸ ὄνομα τῆς κόρης ἐστὶ ἡ Δάφνη. ἡ μὲν Δάφνη τὴν μίκραν οἰκίαν φιλεῖ, ἀλλὰ δὲ ἡ κόρη πολλὰς δραχμὰς ἢ δόξαν οὐκ ἔχει. ἡ Δάφνη πολλὴν τύχην ἔχει· πολλὰς φίλας ἔχει, καὶ ἐλευθερίαν ἔχει, καὶ πρὸς τῇ θαλάττῃ οἰκεῖ, καί ἐστι εἰρήνη ἐν τῇ γῇ.

οἱ μὲν νεανίαι τὴν τῆς ἀγορᾶς μανίαν φιλοῦσι· μάχας καὶ ἀρετὴν καὶ δόξαν καὶ δραχμὰς φιλοῦσι· ἡ δὲ Δάφνη τοὺς νεανίας οὐ φιλεῖ· ἡ δὲ κόρη εἰρήνην καὶ τὴν ὕλην καὶ τὰς θεὰς φιλεῖ.

μικρὰ— small
τὸ ὄνομα— the name
πολλὰς— many
δραχμή, ῆς, ἡ— drachma (a Greek unit of money)
ἤ— or
δόξα, ης, ἡ— fame

ἐλευθερία, ας, ἡ— freedom
οἰκεῖ—she lives
εἰρήνη, ης, ἡ— peace
νεανίης, ου, ὁ— young man
μανία, ας, ἡ— madness (-mania, manic)
μάχη, ης, ἡ— battle

Chapter 4 - 2nd Declension Nouns (omicron-stem); 2nd Declension Neuter

I. The 2nd declension of nouns is known as the 'omicron' declension due to the preponderance of omicrons in the endings. They can be masculine or neuter, and occasionally feminine: the following examples are the endings for masculine or feminine nouns; they have identical endings.

Nom.	ὁ ἄνθρωπος	ὁ ἵππος
Gen.	τοῦ ἀνθρώπου	τοῦ ἵππου
Dat.	τῷ ἀνθρώπῳ	τῷ ἵππῳ
Acc.	τὸν ἄνθρωπον	τὸν ἵππον
Voc.	ὦ ἄνθρωπε	ὦ ἵππε
Nom./Voc.	οἱ ἄνθρωποι	οἱ ἵπποι
Gen.	τῶν ἀνθρώπων	τῶν ἵππων
Dat.	τοῖς ἀνθρώποις	τοῖς ἵπποις
Acc.	τοὺς ἀνθρώπους	τοὺς ἵππους

Notes-
*These nouns have a different ending in the vocative singular than the nominative singular. In the plural they share the same ending for both cases.
*Like in 1st declension nouns, the –οι ending of the nominative plural is treated as short when accenting.
*Unlike the 1st declension nouns, there is not automatically an accent on the omega of the genitive plural ending.
*If the accent is on the final syllable, it follows the usual pattern- acute on nominative and accusative; circumflex on genitive and dative.
*2nd declension nouns are usually masculine or neuter, but can be feminine like νῆσος, ου, ἡ, or ὁδός, οῦ, ἡ

(You can now do exercise 4α & 4β)

Phi Beta Kappa, the academic honors society, stands for φιλοσοφία βίου κυβερνήτης: A love of wisdom is the guide of life.

II. The 2nd declension neuter: Neuter nouns of the 2nd declension are very similar to the masculine & feminine nouns, but you will notice a few important differences.

	Masculine	Neuter
Nom.	ὁ ἄνθρωπος	τὸ δῶρον
Gen.	τοῦ ἀνθρώπου	τοῦ δώρου
Dat.	τῷ ἀνθρώπῳ	τῷ δώρῳ
Acc.	τὸν ἄνθρωπον	τὸ δῶρον
Voc.	ὦ ἄνθρωπε	ὦ δῶρον
Nom./Voc.	οἱ ἄνθρωποι	τὰ δῶρα
Gen.	τῶν ἀνθρώπων	τῶν δώρων
Dat.	τοῖς ἀνθρώποις	τοῖς δώροις
Acc.	τοὺς ἀνθρώπους	τὰ δῶρα

Notes-
*The differences between masculine and neuter are in the nominative and accusative cases, and the vocative singular.
*The nominative and accusative of neuter nouns will <u>always</u> be the same. Further, the nominative and accusative plural will always end in an –α

(You can now do the remaining exercises)

19th century etching of the Trojan Horse

Vocabulary

Nouns:
ἀδελφός, οῦ, ὁ – brother
ἄνθρωπος, ου, ὁ – man, human being
ἄντρον, ου, τό – cave
δῶρον, ου, τό – gift, bribe
θεός, οῦ, ὁ – god
ἱερόν, οῦ, τό – temple, shrine
ἵππος, ου, ὁ – horse
λόγος, ου, ὁ – word, speech, story
νῆσος, ου, ἡ – island
πεδίον, ου, τό – plain

Verbs:
βαίνει – he walks
εἰσί(ν) – they are
λέγει – he says, speaks

Prepositions:
εἰς + acc. - into
ἐκ + gen. - out from

Conjunctions:
δέ – (postpositive) and, but
μέν... δέ – (postpositive) on the one hand... on the other hand
οὖν – (postpositive) so, then

Vocabulary Notes & Derivatives:

ἀδελφός – Philadelphia (the city of brotherly love). *Note- the accent in the vocative singular is on the antepenult- ἄδελφε

ἄνθρωπος – anthropology, philanthropy, misanthrope, anthropomorphic
*Note- this word usually denotes a human, as opposed to a god or an animal

δῶρον – Dorothy, Theodore (gift of god)

ἐκ – Exodus, ecstatic (standing outside one's self), ekphrasis (a story which is carved on something- φράζειν = to explain)

θεός – theology, theocracy, pantheon, atheist (vocative = ὦ θεῦ)

ἱερόν – hieroglyphic (sacred writing)

ἵππος – hippodrome (horse race track), hippopotamus (river horse), Philip (lover of horses)

λόγος – any 'ology' suffix, analogy, apology, monologue, dialogue, epilogue

νῆσος – (*note this 2nd declension noun is feminine*) Peloponnesus (Pelops' island), Polynesia (land of many islands), Indonesia (Indian islands), Micronesia (small islands)

Exercise 4α – Decline the following nouns with their articles & give translations:

1 – ὁ θεός

Nom.
Gen.
Dat.
Acc.
Voc.

Nom./Voc.
Gen.
Dat.
Acc.

2 – ὁ λόγος

Nom.
Gen.
Dat.
Acc.
Voc.

Nom./Voc.
Gen.
Dat.
Acc.

3 – ἡ νῆσος

Nom.
Gen.
Dat.
Acc.
Voc.

Nom./Voc.
Gen.
Dat.
Acc.

4 – ἡ ὁδός

Nom.
Gen.
Dat.
Acc.
Voc.

Nom./Voc.
Gen.
Dat.
Acc.

Exercise 4β— Translate the underlined word into Greek (the word is provided in parentheses). Remember to use the article when necessary.

1- She loves her brother. (ἀδελφός)

2- We spoke to the messenger. (ἄγγελος)

3- The islands belong to Greece. (νῆσος)

4- His love of life was contagious. (βίος)

5- She has beautiful eyes. (ὀφθαλμός)

6- Did you see the doctor Themistocles? (ἰατρός)

7- The men were very brave. (ἄνθρωπος)

8- We live on the islands. (νῆσος)

9- The owner of the horse rode to town. (ἵππος)

10- We sailed toward the islands. (νῆσος)

11- The president's choice of words was worrisome. (λόγος)

12- Tell the story to the brother. (ἀδελφός)

κεφαλὴ ἵππου— from the pediment of the Parthenon (British Museum)

Exercise 4γ – Decline the following nouns with their articles:

1- τὸ πεδίον

Nom.
Gen.
Dat.
Acc.
Voc.

Nom./Voc.
Gen.
Dat.
Acc.

2- τὸ ἄντρον

Nom.
Gen.
Dat.
Acc.
Voc.

Nom./Voc.
Gen.
Dat.
Acc.

3- τὸ ἱερόν

Nom.
Gen.
Dat.
Acc.
Voc.

Nom./Voc.
Gen.
Dat.
Acc.

A digital reconstruction of the Hippodrome in Constantinople

Exercise 4δ— Translate the underlined word into Greek (the word is provided in parentheses). Remember to use the article when necessary.

1- We gave many <u>gifts</u> to the guests. (δῶρον)

2- <u>The gifts</u> were very expensive. (δῶρον)

3- The great battle was fought <u>in the plain</u>. (πεδίον)

4- We walked <u>out from the temple</u> after the sacrifice. (ἱερόν)

5- The king built <u>the theater</u> on the hill. (θέατρον)

6- All the Cyclopses lived <u>in caves</u>. (ἄντρον)

7- The giver <u>of the gifts</u> is unknown. (δῶρον)

8- Acteon didn't mean to see Artemis <u>in the bath</u>. (λουτρόν)

9- The Greeks built <u>temples</u> for all the gods. (ἱερόν)

10- The Greek soldier carried a large round <u>shield</u>. (ὅπλον)

The Greek theater at Epidaurus is still used today for theatrical performances

Exercise 4ε – Translate into English:

1- οἱ ἵπποι εἰσὶν πρὸς τῷ πεδίῳ.

2- οἱ θεοὶ ἐν τῇ νήσῳ ἱερὰ ἔχουσι.

3- ὁ ἄνθρωπος εἰς τὸ ἄντρον βαίνει.

4- οἱ θεοὶ τοὺς λόγους τοῖς ἀνθρώποις οὐ λέγουσι.

5- οἱ θεοὶ καὶ αἱ θεαὶ τὰ τῶν ἀνθρώπων δῶρα φιλοῦσι.

6- ὁ τοῦ ἀνθρώπου ἀδελφὸς ἐκ τοῦ ἱεροῦ εἰς τὸ πεδίον βαίνει.

7- πόλλαι νῆσοι εἰσὶν ἐν τῇ θαλάττῃ.

8- ὁ θεὸς τὰ τῆς κόρης δῶρα καὶ τοὺς τοῦ ἀνθρώπου λόγους φιλεῖ.

9- οἱ ἄνθρωποι ἐν τῇ ἀγορᾷ λόγους καὶ ἀρετὴν καὶ τύχην φιλοῦσι.

10- ἡ κόρη τῷ τῆς φίλης ἀδελφῷ ἐν τῇ νήσῳ λέγει.

Exercise 4ζ – Translate into Greek:
1- The man walks into the temple of the god.

2- The brother does not talk to the horse.

3- The girl on the island loves the gods.

4- The gods and goddesses love the gifts in the temple.

5- The horses walk out of the plain into the cave.

Exercise 4η– Translate the following passage from the Gospel of John:

ἐν ἀρχῇ ἦν ὁ λόγος, καὶ ὁ λόγος ἦν πρὸς τὸν θεόν, καὶ θεὸς ἦν ὁ λόγος. οὗτος ἦν ἐν ἀρχῇ πρὸς τὸν θεόν.

ἀρχή, ἀρχῆς, ἡ– the beginning
ἦν– (there) was
πρὸς + acc.– here = by, from
οὗτος– this (λόγος)

This fragment from the Gospel of John was written on Papyrus and dates to about 125 A.D.

Artemis

ἡ Ἄρτεμις ἐστι ἡ τῆς ὕλης θεά· αὐτὴ δὲ ἡ θεά ἐστι τῆς θήρας καὶ τῆς σελήνης. ὁ δὲ θεὸς Ἀπόλλων ἐστὶ ὁ ἀδελφὸς τῆς θεᾶς Ἀρτέμιδος. οἱ ἄνθρωποι τοὺς θεοὺς καὶ τὰς θεὰς φιλοῦσι καὶ πολλὰ δῶρα τοῖς θεοῖς καὶ ταῖς θεαῖς ἔχουσι. ἐπεὶ δῶρα ἐστὶ* τοῖς θεοῖς, οἱ δὲ ἄνθρωποι ἐκ τῶν πεδίων καὶ τῶν κωμῶν εἰς τὰ ἱερὰ βαίνουσι, καὶ πολλὰς θυσίας τῇ θεᾷ καὶ τῷ ἀδελφῷ ποιοῦσι. ἡ μὲν θεὰ ἀνθρώπους φιλεῖ, ἡ δὲ Ἄρτεμις γάμον ἀνθρώπῳ οὐκ ἔχει· ἡ γὰρ θεὰ ἐν ταῖς ὕλαις μετὰ τῶν φίλων, τῶν νυμφῶν, οἰκεῖ.

ποτὲ ὁ παῖς, Ἀκταίων ὀνόματι, εἰς ἄντρον βαίνει, ἕως ἡ θεὰ καὶ αἱ νύμφαι εἰσὶν ἐν τῷ λουτρῷ. ἡ Ἄρτεμις πολλὴν ὀργὴν ἔχει καὶ ὁ Ἀκταίων πολὺν φοβὸν ἔχει. ἡ δὲ θεὰ τὸν Ἀκταίωνα εἰς ἔλαφον μεταβάλλει· ὁ οὖν ἔλαφος ἐκ τοῦ ἄντρου τρέχει, ἀλλὰ οἱ τοῦ Ἀκταίωνος κυνὲς αὐτὸν διώκουσι, καὶ οἱ αὐτὸν ἀποκτείνουσι.

αὐτὴ – she
θήρα, ας, ἡ – the hunt
σελήνη, ης, ἡ – moon
ἐπεὶ – when
κώμη, ης, ἡ – village
θυσία, ας, ἡ – sacrifice
ποιοῦσι – they make
γάμος, ου, ὁ – marriage
μετά + gen = with
νύμφη, ης, ἡ – nymph
οἰκεῖ – she lives
ποτὲ – once

παῖς, παιδός, ὁ – boy
ὀνόματι – by the name of
ἕως – while
λουτρόν, ου, τό – bath
ὀργή, ῆς, ἡ – anger
φοβός, οῦ, ὁ – fear
ἔλαφος, ου, ὁ – deer
μεταβάλλει – she changes
τρέχει – he runs
κυνὲς – dogs
διώκουσι – they chase
ἀποκτείνουσι – they kill

*In Greek, a neuter plural subject often takes a 3rd person singular verb

Chapter 5 - Principal Parts of Verbs; The Present & Future Tense

I. <u>Principal Parts of Verbs</u>- Verbs in Greek have 6 principal parts. (This year you will only be required to learn 3 of the 6). The reason for having these is that it easily allows you to form the different tenses of a verb by simply adding personal endings to each principal part. Look at the following examples:

λύω, λύσω, ἔλυσα, λέλυκα, λέλυμαι, ἐλύθην – to loose, free
παιδεύω, παιδεύσω, ἐπαίδευσα, πεπαίδευκα, πεπαίδευμαι,
    ἐπαιδεύθην – to teach
βλάπτω, βλάψω, ἔβλαψα, βέβλαφα, βέβλαμμαι, ἐβλάφθην – to hurt
πέμπω, πέμψω, ἔπεμψα, πέπομφα, πέπεμμαι, ἐπέμφθην – to send

Each of these parts corresponds to a tense in Greek:

λύω–	Present Active-	I free, I do free, I am freeing
λύσω–	Future Active-	I will free
ἔλυσα–	Aorist Active-	I freed
λέλυκα–	Perfect Active-	I have freed
λέλυμαι–	Perfect Passive-	I have been freed
ἐλύθην–	Aorist Passive-	I was freed

*The imperfect tense will also be formed from the 1st principal part
*The pluperfect tense will also be formed from the 4th & 5th principal parts

Apollo, god of music holding a cithara

II. <u>The Present Tense</u>: Just like in English, there are 6 possible subjects of a verb in Greek- *I, you, he/she/it, we, you all & they*. Each one of these subjects has an ending. To form the present tense you simply attach these endings to the stem of the 1st principal part (the stem can be found by dropping the –ω from the 1st principal part).

		Present Tense	Ending	Translations
(sing.)	1.	λύω	–ω	I free, I do free, I am freeing
	2.	λύεις	–εις	You free, you do free, you are freeing
	3.	λύει	–ει	He/She/It frees, does free, is freeing
(pl.)	1.	λύομεν	–ομεν	We free, we do free, we are freeing
	2.	λύετε	–ετε	Y'all free, y'all do free, y'all are freeing
	3.	λύουσι(ν)	–ουσι(ν)	They free, they do free, they are freeing

Notes-
*the ν on the end of the 3rd person plural ending is in parentheses because it is known as the ν-movable- it only appears when it is followed by a word that begins with a vowel (similar to the a/ab in Latin).
*since each person has its own ending, there is no need to write a separate subject for the verb. The ending tells you what person is the subject of the verb.

Right: Apollo pursuing the nymph Daphne, (Bernini cir. 1622-25)

Left: a leg, dedicated to Asklepios, son of Apollo

III. <u>The Future Tense</u>: The future tense (preceded by "will" in English) is formed similarly to the present tense, but instead of the 1st principal part, you attach the endings to the 2nd principal part. The endings used are the same as for the present tense:

		Future Tense	Ending	Translations
(sing.)	1.	λύσω	—ω	I will free, (I shall free)
	2.	λύσεις	—εις	You will free
	3.	λύσει	—ει	He/She/It will free
(pl)	1.	λύσομεν	—ομεν	We will free, (We shall free)
	2.	λύσετε	—ετε	Y'all will free
	3.	λύσουσι(ν)	—ουσι(ν)	They will free

*Note- for now, you can only conjugate verbs in the future whose 2nd principal part ends in "ω." If the principal part ends in "ομαι," you will learn to conjugate it in chapter 13.
 EG- Yes: λείπω, λείψω
   No: βαίνω, βήσομαι

(You may now do all the exercises in the chapter)

Altar and Temple of Apollo, Pompeii

Vocabulary

<u>Verbs</u>:
βαίνω, βήσομαι, ἔβην – to go, walk
βλέπω, βλέψω, ἔβλεψα – to look, look at, see
ἔχω, ἕξω, ἔσχον – to have, hold
λαμβάνω, λήψομαι, ἔλαβον – to take, seize
λέγω, λέξω, ἔλεξα or εἶπον – to say, speak, tell
λύω, λύσω, ἔλυσα – to free, loosen
σῴζω, σώσω, ἔσωσα – to save
φεύγω, φεύξομαι, ἔφυγον – to flee, escape

Vocabulary Notes and Derivatives:
*Principal parts seem daunting until you notice a few patterns
    -the 2nd principal part usually has –σω, –ξω, or –ψω. Sometimes it ends in –ομαι: we'll see why later on
    -the 3rd principal part is often the same as the 2nd, except it has an –ἐ on the front and an –α at the end. Sometimes it has ην or ον at the end: we'll worry about that later.

βλέπω – ablepsia (loss of sight)
ἔχω – scheme
λέγω – dialect, legend, elegy, epistemology (a branch of philosophy concerned with the nature of knowledge)
λύω – loose, analyze, analysis, electrolysis

Model of the Athenian Acropolis

Exercise 5 α: Conjugate in the present & future tenses & translate the forms:
1- λείπω, λείψω, ἔλιπον – to leave

	Present	Future

1st singular-
Translations-

2nd singular-
Translations-

3rd singular-
Translations-

1st plural-
Translations-

2nd plural-
Translations-

3rd plural-
Translations-

2- σῴζω, σώσω, ἔσωσα – to save

	Present	Future

1st singular-
Translations-

2nd singular-
Translations-

3rd singular-
Translations-

1st plural-
Translations-

2nd plural-
Translations-

3rd plural-
Translations-

(continued on next page)

3- πέμπω, πέμψω, ἔπεμψα – to send

	Present	Future
1st singular– *Translations–*		
2nd singular– *Translations–*		
3rd singular– *Translations–*		
1st plural– *Translations–*		
2nd plural– *Translations–*		
3rd plural– *Translations–*		

4- ἔχω, ἕξω, ἔσχον – to have

	Present	Future
1st singular– *Translations–*		
2nd singular– *Translations–*		
3rd singular– *Translations–*		
1st plural– *Translations–*		
2nd plural– *Translations–*		
3rd plural– *Translations–*		

Exercise 5 β: Translate into Greek (the 1st two principal parts of the verb are provided in parentheses)

1- We will guard (φυλάττω, φυλάξω)
2- They fall (πίπτω, πεσοῦμαι)
3- You sleep (καθεύδω, καθευδήσω)
4- He will pursue (διώκω, διώξω)
5- I have (ἔχω, ἕξω)
6- Y'all run (τρέχω, θρέξομαι)
7- She will find (εὑρίσκω, εὑρήσω)
8- You hear (ἀκούω, ἀκούσομαι)
9- We shall persuade (πείθω, πείσω)
10- They throw (βάλλω, βαλῶ)
11- I free (λύω, λύσω)
12- Y'all take (λαμβάνω, λήψομαι)
13- He will send (πέμπω, πέμψω)
14- You look (βλέπω, βλέψω)
15- They will hurry (σπεύδω, σπεύσω)
16- We will have (ἔχω, ἕξω)
17- Y'all order (κελεύω, κελεύσω)
18- They will think (νομίζω, νομίσω)
19- I cry (δακρύω, δακρύσω)
20- He walks away (ἀποβαίνω, ἀποβαίσομαι)
21- You will make (ποιέω, ποιήσω)
22- You kill (κατακόπτω, κατακόψω)
23- We will write (γράφω, γράψω)
24- Y'all will speak (λέγω, λέξω)
25- They sacrifice (θύω, θύσω)

Exercise 5 γ: Translate into English:

1- οἱ φίλοι εἰς τὸ πεδίον πρὸς τῇ θαλάττῃ βαίνουσιν.

2- ὁ ἄνθρωπος ἀρετὴν ἔχει ἀλλὰ τύχην οὐχ ἕξει.

3- αἱ κόραι ἐκ τοῦ πεδίου εἰς ἱερὸν ἐν τῇ ἀγορᾷ φεύγουσιν.

4- τὰς θεὰς καὶ τοὺς θεοὺς οὐ βλέπετε, ἀλλὰ ἐν τῇ γῇ βαίνουσιν.

5- τὴν φίλην σώσομεν ἐν ἄντρῳ πρὸς τῇ θαλάττῃ.

6- τὰ δῶρα τοῖς θεοῖς ἔχομεν· τὰ δὲ δῶρα εἰς τὸ ἱερὸν λαμβάνομεν.

7- τοὺς ἵππους ἐν τῷ πεδίῳ βλέπεις, ἐκ δὲ τοῦ πεδίου εἰς τὴν ἀγορὰν βαίνεις.

8- οἱ θεοὶ λόγους ἀνθρώποις ἐν τοῖς ἱεροῖς λέγουσι καὶ οἱ ἄνθρωποι τοὺς θεοὺς φιλήσουσιν.

9- ὁ μὲν ἄνθρωπος ἀρετὴν καὶ γῆν ἔχει, οἱ δὲ θεοὶ τύχην ἔχουσι.

10- ἐν τῇ νήσῳ ἡ κόρη ἐκ τοῦ τῶν θεῶν ἱεροῦ εἰς τὴν ἀγορὰν βλέπει.

11- ὁ μὲν ἀδελφὸς τῇ κόρῃ οὐ λέξει· ἡ δὲ κόρη τοὺς ἵππους ἐκ τοῦ ἄντρου λύει.

12- τὴν οὖν θεὰν ἐν τῷ ἱερῷ οὐ βλέψομεν ἐν τῇ νήσῳ.

Exercise 5 δ: Translate into Greek

1- The goddesses will have a temple in the agora.

2- The men walk near the cave.

3- You will save the girls in the sea, but we flee.

4- On the one hand, you have courage, on the other hand, I have luck.

5- We seize the horses in the plain.

A Greek κόρη: red-figure pottery

Apollo Part 1

ὁ ἀδελφὸς τῆς θεᾶς Ἀρτέμιδος ἐστὶ ὁ Ἀπόλλων. αὐτὸς δέ ἐστι ὁ θεὸς τῶν πολλῶν τεχνῶν· ὁ Ἀπόλλων ἐστὶ ὁ θεὸς τοῦ ἡλίου καὶ τοῖς ἀνθρώποις πολλὰ δῶρα παρέχει· τοξικὴν καὶ μουσικὴν καὶ ἰατρικὴν ὁ θεὸς παρέχει. ὁ δὲ Ἀπόλλων πολλὰ ἱερὰ ἔχει καὶ ἐν τοῖς ἱεροῖς τοῖς ἀνθρώποις λέγει· ὁ γὰρ Ἀπόλλων ἐστὶ ὁ θεὸς τοῦ μαντείου.

οἱ δὲ ἄνθρωποι πολλοὺς λόγους περὶ τοῦ Ἀπόλλονος λέξουσιν. ποτὲ ὁ Ἀπόλλων τὴν νύμφην Δάφνην φιλεῖ, ἀλλὰ ἡ κόρη τὸν θεὸν οὐ φιλήσει· ἡ οὖν Δάφνη φεύγει καὶ φεύγει, ἀλλὰ δ'ὀλίγου ὁ θεὸς διώκει τὴν κόρην καὶ εὑρίσκει· "μὴ φεῦγε" ὁ Ἀπόλλων φησίν, "μὴ φεῦγε, ὦ καλὴ κόρη· μὲ φιλεῖς· λέγε μοι." ἀλλὰ ἡ Δάφνη τῷ θεῷ οὐ λέξει· "ὦ πάτερ," φησί "συλλάμβανε μὲ." ὁ δὲ πάτηρ, θεός ποταμοῦ, τὴν κόρην βλέπει καὶ αὐτὴν σῴζει· ὁ γὰρ τοῦ ποταμοῦ θεὸς τὴν Δάφνην εἰς δένδρον μεταβάλλει. ὁ οὖν Ἀπόλλων πρὸς τὸ δένδρον βαίνει· ὁ δὲ θεὸς στέφανον ποιεῖ ἐκ τῶν φύλλων τοῦ δένδρου· οἱ οὖν ἄνθρωποι τοὺς στεφάνους εἰς τὰ τοῦ Ἀπόλλονος ἱερὰ φέρουσι καὶ πολλὰς θυσίας τῷ θεῷ ποιήσουσιν.

αὐτος – he
τέχνη, ης, ἡ – art
ἥλιος, ου, ὁ – sun
παρέχω – provide
τοξική, ῆς, ἡ – archery
μουσική, ῆς, ἡ – music
ἰατρική, ῆς, ἡ – medicine
μαντεῖον, ου, τό – prophecy, oracle
περί + gen. - about
δ'ὀλίγου – for a long time
εὑρίσκω – find, discover
μὴ φεῦγε – see page 45

φησίν – he says
καλός, ή, όν – beautiful
μὲ – me (acc)
μοι – me (dat)
πάτηρ, πάτρος, ὁ – father
συλλάμβανω – save
ποταμός, οῦ, ὁ – river
δένδρον, ου, τό – tree
στέφανος, ου, ὁ – crown
ποιέω, ποιήσω – to make
φύλλον, ου, τό – leaf
φέρω – carry

Chapter 6 - 1st and 2nd Declension Adjectives; The Imperative Mood; Adverbs

I. Adjectives of the 1st and 2nd declension: In Greek, like in Latin, the adjective must agree in gender, case & number (singular/plural) with the noun it agrees with. Therefore it must have 24 different endings (4 cases singular & plural = 8; 8 x 3 genders = 24). The good news is *you already know all the endings*. They're exactly the same as the 2 declensions of nouns you have learned:

> *Masculine adjectives* have the same endings as 2nd declension masculine nouns
> *Feminine adjectives* have the same endings as 1st declension feminine nouns
> *Neuter adjectives* have the same endings as 2nd declension neuter nouns

Look at the following example of a 1st & 2nd declension adjective:

	Masc.	Fem.	Neut.
Nom.	μόνος	μόνη	μόνον
Gen.	μόνου	μόνης	μόνου
Dat.	μόνῳ	μόνῃ	μόνῳ
Acc.	μόνον	μόνην	μόνον
Voc.	μόνε	μόνη	μόνον
Nom.	μόνοι	μόναι	μόνα
Gen.	μόνων	μόνων	μόνων
Dat.	μόνοις	μόναις	μόνοις
Acc.	μόνους	μόνᾱς	μόνα

Notes-
*Unlike the 1st declension nouns, there is not automatically an accent on the genitive plural of the feminine forms
*If the adjective is accented on the ultima, it follows the usual pattern: acute on the nominative/accusative, circumflex on the genitive/dative

Geometric Pyxis depicting ἵπποι (Agora Museum, Athens)

If the adjective ends in –ε, –ι, or –ρ, the feminine endings are –ᾱ instead of –η (just like on the 1st declension adjectives)

	Masc.	Fem.	Neut.
Nom.	μᾱκρός	μᾱκρά	μᾱκρόν
Gen.	μᾱκροῦ	μᾱκρᾶς	μᾱκροῦ
Dat.	μᾱκρῷ	μᾱκρᾷ	μᾱκρῷ
Acc.	μᾱκρόν	μᾱκράν	μᾱκρόν
Voc.	μᾱκρέ	μᾱκρά	μᾱκρόν
Nom.	μᾱκροί	μᾱκραί	μᾱκρά
Gen.	μᾱκρῶν	μᾱκρῶν	μᾱκρῶν
Dat.	μᾱκροῖς	μᾱκραῖς	μᾱκροῖς
Acc.	μᾱρούς	μᾱκράς	μᾱκρά

II. Two ending adjectives: Sometimes adjectives of the 1st & 2nd declension only have 2 sets of endings- a combined form for both Masculine & Feminine, and a separate form for Neuter.
The endings for these are the same as the masculine and neuter forms above:

	Masc./Fem.	Neut.
Nom.	ἀθάνατος	ἀθάνατον
Gen.	ἀθανάτου	ἀθανάτου
Dat.	ἀθανάτῳ	ἀθανάτῳ
Acc.	ἀθάνατον	ἀθάνατον
Voc.	ἀθάνατε	ἀθάνατον
Nom.	ἀθάνατοι	ἀθάνατα
Gen.	ἀθανάτων	ἀθανάτων
Dat.	ἀθανάτοις	ἀθανάτοις
Acc.	ἀθανάτους	ἀθάνατα

Apollo, driving the sun chariot (red-figure krater, 435 BC, British Museum)

III. Adjective Agreement: An adjective must always have the same gender, case and number as the noun it describes. *This does not mean that it will always have the same ending.* Look at the following examples:

σοφὸς ἄδελφος	a wise brother (masculine, nominative, singular)
καλαὶ κόραι	beautiful girls (feminine, nominative, plural)
μᾱκρὸν ἱερον	a large temple (neuter, nominative singular)
πολλαὶ νῆσοι	many islands (feminine, nominative, plural)
μικροὶ παῖδες	small children (masculine, nominative, plural)

*Note in πολλαὶ νῆσοι, the noun is a feminine 2nd declension, and so the adjective must have a feminine ending, to match the gender of the noun.
*Note in μικροὶ παῖδες, the noun is 3rd declension, and thus has a different ending. But the adjective agrees correctly since they are both masculine, nominative and plural.

(you can now do exercise 6α)

IV. The Imperative mood: When you command someone to do something in Greek, you use the imperative mood. There are two forms, one for the singular and one for the plural. Add the endings –ε (singular) or –ετε (plural) to the stem of the 1st principal part.

Singular:	λέγε	speak!
Plural:	λέγετε	speak y'all!
Singular:	βαῖνε	walk!
Plural:	βαίνετε	walk y'all!

If you want to negate the command and order someone not to do something, you use the adverb μή with the imperative:

Singular:	μὴ φεῦγε	don't flee!
Plural:	μὴ φεύγετε	don't flee, y'all!
Singular:	μὴ βλέπε	don't look!
Plural:	μὴ βλέπετε	don't look, y'all!

(you can now do exercise 6β)

Bronze Charioteer, Delphi

V. Adverbs: To create an adverb in Greek (bravely, beautifully, etc), simply add "–ως" to the stem of the adjective. These forms do not decline:

Ex. καλός, ή, όν – beautiful   καλῶς – beautifully
     ἀνδρεῖος, η, ον – brave   ἀνδρείως – bravely
     δεινός, ή, όν – fearsome   δεινῶς – fearsomely

Vocabulary

Adjectives:
ἀθάνατος, ον – immortal
ἀνδρεῖος, ἀνδρεία, ἀνδρεῖον – brave
δεινός, ή, όν – fearsome
ἰσχυρός, ά, όν – strong
κακός, ή, όν – bad, evil
καλός, ή, όν – good, beautiful
μακρός, ά, όν – large, long
μικρός, ά, όν – small, short

Nouns:
Ἀθῆναι, ῶν, αἱ – Athens (the city) (*note- many city names are plural)
ἥλιος, ἡλίου, ὁ – the sun
οἶκος, οἴκου, ὁ – house

Adverbs:
γάρ – (postpositive) for
δή – (postpositive) now, in truth, surely, really
ἐπεί – when
ἔπειτα – then, next
νῦν – (postpositive) now
τε... καί – both... and (postpositive)

Preposition:
ἕνεκα + gen. – because of

Vocabulary Notes & Derivatives

ἀθάνατος – euthanasia (dying well)
ἀνδρεῖος – androgynous, android
δεινός – dinosaur (fearsome lizard)
ἕνεκα – This is a postpositive preposition; this means the genitive object of the preposition can come either before or after the preposition:
    cf. τύχης ἕνεκα   ἕνεκα τύχης
κακός – cacophony
καλός – calligraphy, kaleidoscope, calisthenics
μακρός – macron, macroeconomics
μικρός – microscope, microbe, microcosm
ἥλιος – heliocentric, heliotropism
οἶκος – economics (managing household finances)

Exercise 6 α: translate into Greek in the case indicated:

1- the beautiful girl   (nom. s)

2- the fearsome gods   (acc. pl)

3- the brave men   (gen. pl)

4- the small house   (dat. s)

5- oh strong horse!   (voc. s)

6- the large cave   (acc. s)

7- the evil brothers   (nom. pl)

8- beautiful land   (gen. s)

9- the immortal gods   (dat. pl)

10- the large agora   (acc. s)

11- the immortal goddess   (nom. s)

12- oh fearsome brother!   (voc. s)

13- the strong girls   (dat. pl)

14- the long island   (acc. s)

15- the beautiful house   (gen. s)

Exercise 6 β: translate

1- ἔχετε!   6- don't walk! (s)

2- μὴ βλέπετε!   7- take! (s)

3- λύε!   8- save! (pl)

4- μὴ λέγε!   9- don't flee! (s)

5- σῷζε!   10- free! (pl)

Exercise 6 γ: translate

1- οἱ δὴ κακοὶ ἄνθρωποι ἐν τῇ νήσῳ τὰ καλὰ δῶρα ἀνδρείως ἐκ τοῦ ἱεροῦ τῶν ἀθανάτων θεῶν λαμβάνουσιν.

2- οἱ μὲν νῦν ἀθάνατοι θεοὶ τὰ καλὰ δῶρα οὐκ ἔχουσι, οἱ δὲ ἄνθρωποι ἐν τῇ νήσῳ τύχην οὐχ ἕξουσιν.

3- ἔπειτα οἵ τε ἄνθρωποι καὶ αἱ καλαὶ κόραι εἰς τὸ μακρὸν ἄντρον ἐν τῇ νήσῳ φεύγουσι, οἱ γὰρ ἀθάνατοι θεοί εἰσι δεινοί.

4- οἱ νῦν δεινοὶ θεοί τε τοῖς κακοῖς ἀνθρώποις καὶ καλαῖς κόραις δεινῶς λέξουσι· "λαμβάνετε δὴ, ὦ ἄνθρωποι, τὰ καλὰ δῶρα εἰς τὰ μακρὰ ἱερὰ ἐν τῇ ἀγορᾷ πρὸς τοῖς μῑκροῖς οἴκοις."

5- τοῦ λόγου ἕνεκα τῶν ἀθανάτων θεῶν οἵ τε κακοὶ ἄνθρωποι καὶ αἱ κόραι ἐκ τοῦ μακροῦ ἄντρου πρὸς τοὺς μῑκροὺς οἴκους βαίνουσιν.

6- ἐπεὶ ἡ ἀνδρείᾱ κόρη ἐκ τῶν Ἀθηνῶν πρὸς τὴν μακρὰν θάλατταν βαίνει, τούς τε μῑκροὺς οἴκους καὶ τὰ καλὰ ἱερὰ ἐν τῇ ἀγορᾷ βλέπει.

7- οἱ μὲν ἄνθρωποι ἐκ τοῦ μακροῦ ἄντρου φεύγουσι, εἰς δὲ τὸ ἄντρον ἀνδρείως βαίνεις, τε γὰρ τύχην καὶ ἀρετὴν ἔχεις.

8- τῷ δὴ ἰσχυρῷ ἀδελφῷ καλῶς λέξομεν· ὁ γὰρ τὰς κόρᾱς ἐκ δεινοῦ ἄντρου σώσει.

9- λύετε, ὦ ἄνθρωποι, τοὺς ἵππους ἐκ τοῦ μῑκροῦ πεδίου· οἱ γὰρ ἵπποι πρὸς τὴν μακρὰν θάλατταν οὐ φεύγουσιν.

10- οἱ ἄνθρωποι ἐν τῇ καλῇ νήσῳ εἰς τὸ ἱερὸν καλὰ δῶρα τῶν τοῦ τῆς θαλάττης δεινοῦ θεοῦ λόγων ἕνεκα λαμβάνουσιν.

Exercise 6 δ: Translate into Greek

1- We now bravely free the girls from the small house in the agora.

2- Y'all will see the large horses in the plain near the sea.

3- Don't take the girls into the temple of the fearsome god!

4- I have beautiful gifts for the strong brother.

5- In Athens there are both brave men and beautiful girls.

Apollo Citharodis: Apollo playing a musical instrument

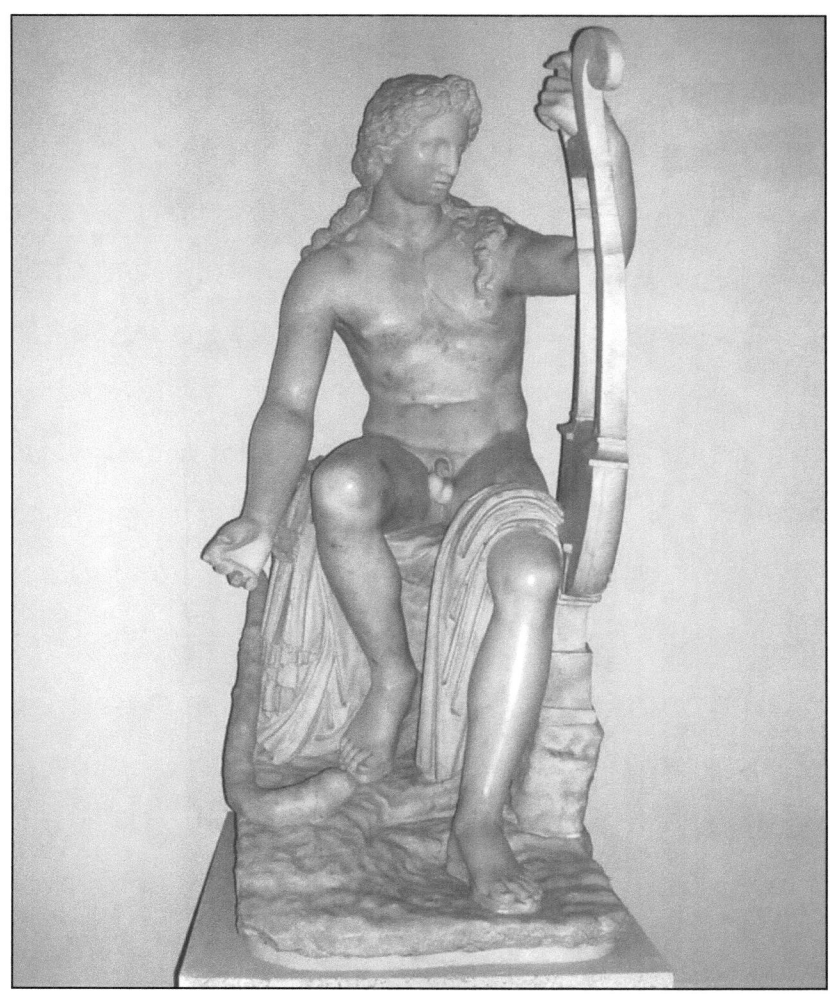

Apollo Part 2

ὁ Ἀπόλλων, θεὸς πολλῶν τεχνῶν, ἐστι καὶ θεὸς τοῦ ἡλίου. ὁ μὲν θεὸς υἱὸν ἔχει, ὁ δὲ υἱὸς τὸν αὑτοῦ πάτρα οὐ βλέπει· ὁ μὲν γὰρ υἱός, ὀνόματι Φαέθων, ἐν ταῖς Ἀθήναις οἰκεῖ, ὁ δὲ Ἀπόλλων ἐν μακρῷ οἴκῳ ἐν τῇ Ἰνδίᾳ οἰκεῖ οὗ ἐστι ὁ ἥλιος. ποτὲ ἡ μήτηρ καλὴ τῷ υἱῷ λέγει· "εἰς τὴν Ἰνδίαν ἀνδρείως βαῖνε καὶ τὸν ἀθάνατον πατέρα εὕρισκε· ἐστί τε σοφὸς καὶ δυνατός."

ὁ δὲ Φαέθων ἐν τῇ μακρᾷ ὁδῷ βαίνει· ἐπεὶ ὁ Φαέθων ἐστι ἐν τῇ Ἰνδίᾳ, τὸν μέν τε καλὸν οἶκον καὶ τὸν δεινὸν θεὸν βλέπει, ὁ δὲ Φαέθων ἐστὶ φοβερός· ἔπειτα ὁ Ἀπόλλων σοφῶς τῷ φοβερῷ υἱῷ λέγει· "σοὶ δῶρον ἀγαθὸν παρέξω· ἐκλέγε δῶρον." ἀλλὰ ὁ Φαέθων οὔκ ἐστι σοφός· ὁ γὰρ Φαέθων τῷ δεινῷ θεῷ λέγει· "τὸν τοῦ ἡλίου δίφρον ἐλαύνειν βούλομαι." ὁ μὲν Φαέθων ἐστὶ ἀνδρεῖος, ἀλλὰ δὲ οὔκ ἐστι ἰσχυρὸς καὶ οἱ ἵπποι εἰσὶ δεινοὶ καὶ μακροί. ὁ δὴ θεὸς τῷ νέῳ υἱῷ λέγει, ἀλλὰ ὁ Φαέθων τοὺς ἱεροὺς λόγους τοῦ θεοῦ οὐκ ἀκούει· ἔπειτα ὁ υἱὸς τὰς ἡνίας φοβερῶς λαμβάνει καὶ τοὺς ἵππους ἐκ τῶν σταθμῶν λύει· ἀλλὰ ὁ Φαέθων κυβερνᾶν τοὺς ἵππους οὐ δύναται καὶ οἱ ἵπποι ἰσχυρῶς εἰς τὸν οὐρανὸν τρέχουσιν· ἡ οὖν γῆ ἐστι ψυχρὰ ἕνεκα τῆς ἀπουσίας τοῦ ἡλίου. ἔπειτα ὁ Φαέθων τοὺς ἵππους πρὸς τὴν γῆν ἐλαύνει, ἀλλὰ ἐπεὶ ὁ Φαέθων ἐστὶ πρὸς τῇ γῇ, ὁ δὲ ἥλιος τὴν γῆν καίει· τά τε δένδρα καὶ τοὺς οἴκους καὶ τοὺς ἀνθρώπους ὁ ἥλιος καίει. ὁ δὲ Ζεὺς τὰς τῶν ἀνθρώπων βοὰς ἀκούει· "σῷζε ἡμᾶς, ὦ Ζεῦ· καυσόμεν." ὁ δὴ βασιλεὺς τῶν θεῶν ἐστι ἄθυμος ἕνεκα τῆς τε διαφθορᾶς τῆς γῆς καὶ τῶν ἀνθρώπων. ὁ οὖν ἀθάνατος Ζεὺς ἀθύμως κεραυνὸν δεινὸν λαμβάνει καὶ τὸν υἱὸν τοῦ θεοῦ ἀποκτείνει. οἱ μὲν ἄνθρωποι χαίρουσι, ἡ νῦν δὲ γῆ ἐν τῷ Αἰγύπτῳ ἐστι ἐρημία τοῦ θερμοῦ ἕνεκα ἡλίου.

υἱός, οῦ, ὁ– son
αὐτοῦ– of him, his
πατέρα– father (acc. s)
οὗ– where
μήτηρ– mother (nom. s)
σοφός, ή, όν– wise
δυνατός, ή, όν– powerful
ὁδός, οῦ, ἡ– road
φοβερός, ή, όν– afraid
σοί– to you (dat. s)
ἀγαθός, ή, όν– suitable
ἐκλέγω, ἐκλέξω– choose
δίφρος, ου, ὁ– chariot
ἐλαύνειν– to drive (infin.)
βούλομαι– I want
νέος, α, ον– young
ἱερός, ά, όν– sacred
ἀκούω, ἀκούσομαι– hear
ἡνία, ας, ἡ– reins

σταθμός, ου, ὁ– stable
κυβερνᾶν– to steer (infin.)
οὐ δύνεται– he is not able
οὐρανός, οῦ, ὁ– sky
τρέχω, τρέξω– to run
ψυχρός, ά, όν– cold
ἀπουσία, ας, ἡ– absence
καίω, καύσω– burn
βοά, ᾶς, ἡ– shout
ἡμᾶς– us (acc. pl)
βασιλεύς– king (nom. s)
ἄθυμος, η, ον– downcast
διαφθορά, ᾶς, ἡ– destruction
κεραυνός, οῦ, ὁ– thunderbolt
ἀποκτείνω, ἀποκτεινῶ– to kill
χαίρω, χαιρήσω– rejoice
Αἴγυπτος, ου, ὁ– Egypt
ἐρημία, ας, ἡ– desert
θερμός, οῦ, ὁ– heat

Temple of Apollo, Delphi (this was the location of the most famous oracle in Ancient Greece)

Chapter 7 - The Present Active Infinitive; αὐτος; μέγας & πολύς

I. <u>The Present Active Infinitive</u>: In English, the infinitive usually is formed by putting the word "to" in front of the verb. In Greek, it is the ending –ειν attached to the end of the 1st principal part.

λαμβάνω	– λαμβάνειν –	to take
ἔχω	– ἔχειν –	to have
βαίνω	– βαίνειν –	to walk

(you can now do exercise 7α)

II. <u>The Adjective αὐτός, ή, ό</u>: This adjectives declines like any regular 1st & 2nd declension adjective you saw in the last chapter. Yet it will have two different meanings depending on how it is placed in relation to a noun.

	Masc.	Fem.	Neut.
Nom.	αὐτός	αὐτή	αὐτό
Gen.	αὐτοῦ	αὐτῆς	αὐτοῦ
Dat.	αὐτῷ	αὐτῇ	αὐτῷ
Acc.	αὐτόν	αὐτήν	αὐτό
Nom.	αὐτοί	αὐταί	αὐτά
Gen.	αὐτῶν	αὐτῶν	αὐτῶν
Dat.	αὐτοῖς	αὐταῖς	αὐτοῖς
Acc.	αὐτούς	αὐτάς	αὐτά

If the word is placed in between the article and the noun, it means "the same." This is known as the attributive position.

ἡ αὐτὴ κόρη –	the same girl
ὁ αὐτὸς ἄνθρωπος –	the same man
τῶν αὐτῶν θεῶν –	of the same gods
ἐν τοῖς αὐτοῖς οἴκοις –	in the same houses

If the word is placed outside the article and the noun (predicate position), it is an intensifying adjective –self, -selves:

αὐτὴ ἡ κόρη –	the girl herself
ὁ ἄνθρωπος αὐτός –	the man himself
αὐτῶν τῶν θεῶν –	of the gods themselves
ἐν τοῖς οἴκοις αὐτοῖς –	in the houses themselves

III. <u>The Adjectives μέγας and πολύς</u>: These two adjectives have irregularities in the masculine & neuter, nominative and accusative. Note that those forms have a different stem and endings, while the rest of these adjectives is normal 1st & 2nd declension:

μέγας, μεγάλη, μέγα – big

	Masc.	Fem.	Neut.
Nom.	**μέγας**	μεγάλη	**μέγα**
Gen.	μεγάλου	μεγάλης	μεγάλου
Dat.	μεγάλῳ	μεγάλῃ	μεγάλῳ
Acc.	**μέγαν**	μεγάλην	**μέγα**
Voc.	μεγάλε	μεγάλη	μέγα
Nom.	μεγάλοι	μεγάλαι	μεγάλα
Gen.	μεγάλων	μεγάλων	μεγάλων
Dat.	μεγάλοις	μεγάλαις	μεγάλοις
Acc.	μεγάλους	μεγάλᾱς	μεγάλα

πολύς, πολλή, πολύ – much (s), many (pl.)

	Masc.	Fem.	Neut.
Nom.	**πολύς**	πολλή	**πολύ**
Gen.	πολλοῦ	πολλῆς	πολλοῦ
Dat.	πολλῷ	πολλῇ	πολλῷ
Acc.	**πολύν**	πολλήν	**πολύ**
Voc.		NONE	
Nom.	πολλοί	πολλαί	πολλά
Gen.	πολλῶν	πολλῶν	πολλῶν
Dat.	πολλοῖς	πολλαῖς	πολλοῖς
Acc.	πολλούς	πολλᾱ́ς	πολλά

Notes- (same accent rules as 1st & 2nd declension adjectives)
*Remember, unlike the 1st declension nouns, there is not automatically an accent on the genitive plural of the feminine forms
*If the adjective is accented on the ultima, it follows the usual pattern: acute on the nominative/accusative, circumflex on the genitive/dative

(you can now finish the exercises in chapter 7)

Vocabulary

<u>Adjectives</u>
ἀγαθός, ή, όν – good
αὐτός, ή, ό – the same; -self, -selves
δυνατός, ή, όν – able, possible
εὔδοξος, ον – well known, famous
μέγας, μεγάλη, μέγα – big
πολύς, πολλή, πολύ – much (s), many (pl)

<u>Nouns</u>
σοφία, ας, ἡ – wisdom
τέχνη, ης, ἡ – art, skill, trick

<u>Prepositions</u>
ἀπό + **gen** - from, away from, apart from
περί + **acc** - about, near, concerning

<u>Verbs</u>
ἄρχω, ἄρξω, ἦρξα – rule, command; begin (+ gen.)
ἐθέλω, ἐθελήσω, ἠθέλησα – to wish, want, be willing
κελεύω, κελεύσω, ἐκέλευσα – to order, command (+ acc & infinitive)
μέλλω, μελλήσω, ἐμέλλησα – to be about to, to be destined to (+infinitive)

Vocabulary Notes & Derivatives

<u>ἀγαθός</u> – Agatha
<u>ἀπό</u> – apology, apogee, apostrophe, apothecary, apostle, apocryphal
<u>ἄρχω</u> – -archy (suffix) ex- monarchy, aristocracy, anarchy,
    hierarchy, oligarchy, patriarch, matriarch, archaic, archaeology
<u>αὐτός</u> – automobile, automatic, autonomy, autopsy, autocracy,
    autobiography, autograph, automaton, autochthonous
<u>κελεύω</u> – NOTE- this verb takes an accusative of person ordered, and an
    infinitive of the thing you are ordering: e.g. I order the boy (acc) to
    work (infinitive)
<u>μέγας</u> – megalomania, megaphone, megawatt, megabyte, megahertz
<u>μέλλω</u> – this verb takes an accusative an infinitive like κελεύω
<u>περί</u> – see chapter ____;
<u>πολύς</u> – polygamy, polygraph, polymorphic, polytheism, polysyllabic,
    polyped, polyglot, Polyphemus
<u>σοφία</u> – Sophia, philosophy, sophisticated, sophomore (wise-fool)
<u>τέχνη</u> – technology, technician, polytechnic, pyrotechnic, technical

Exercise 7 α: Translate

1- σῴζειν

2- λέγειν

3- φεύγειν

4- βλέπειν

5- λύειν

6- to seize

7- to have

8- to walk

9- ἐθέλει βλέπειν τὰς Ἀθήνας

10- ἐθελήσομεν σῴζειν τοὺς ἵππους

Exercise 7 β: Decline fully

Nom. μέγας οἶκος
Gen.
Dat.
Acc.
Voc.
Nom.
Gen.
Dat.
Acc.

Nom. πολλὴ ἀρετή
Gen.
Dat.
Acc.
Voc.
Nom.
Gen.
Dat.
Acc.

Nom. μέγα δῶρον
Gen.
Dat.
Acc.
Voc.
Nom.
Gen.
Dat.
Acc.

Nom. πολὺ δένδρον
Gen.
Dat.
Acc.
Voc.
Nom.
Gen.
Dat.
Acc.

Exercise 7 γ: Translate

1- ἡ αὐτὴ νῆσος

2- τῆς γῆς αὐτῆς

3- μεγάλοι οἶκοι

4- ἐκ τοῦ αὐτοῦ ἄντρου

5- πολὺς ἥλιος

6- αὐτοὶ οἱ ἵπποι

7- μέγα ἱερόν

8- τὸν ἥλιον αὐτόν

9- πολλαὶ κόραι

10- αὐτῷ τῷ ἀδελφῷ

11- τὸ αὐτὸ δῶρον

12- ἐν τῇ μεγάλῃ ἀγορᾷ

13- ταῖς αὐταῖς θεαῖς

14- μέγαν ἵππον

15- ἡ αὐτὴ φίλη

16- τὰ μεγάλα ἱερά

17- πολλοῖς ἀνθρώποις

18- ἐν τῷ ἱερῷ αὐτῷ

19- τὸν μέγαν ἥλιον

20- πολλοὺς λόγους

Athena & Poseidon, Attic Black Figure Vase. cir. 540

Exercise 7 δ: Translate

1- the goddess herself

2- many gifts

3- the same horses

4- a large island

5- near the temple itself

6- in the same house

7- much luck

8- in the large sea

9- of the friends themselves

10- from many girls

11- into the same caves

12- the large temple

13- to the same man

14- much sun

15- in the same lands

16- into the large plain

17- of the brother himself

18- many gods

19- of the large horses

20- from the agora itself

Πολλὰ ἔχει σιγὴ καλά – Σοφοκλῆς
σιγὴ, ῆς, ἡ – silence

Exercise 7 ε: Translate

1- ὁ μὲν ἀγαθὸς ἄνθρωπος ἔχει πολλὰν τε τέχνην καὶ ἀρετὴν, ὁ δὲ κακὸς ἄνθρωπος ἕξει πολλὰν τε γῆν καὶ καλοὺς ἵππους.

2- αἱ δὴ κόραι εἰσὶν ἐν τῷ μεγάλῳ οἴκῳ· αἱ νῦν αὐταὶ κόραι βαίνειν ἀπὸ τοῦ μεγάλου οἴκου καὶ εἰς τὴν ἀγορὰν αὐτὴν μέλλουσιν.

3- ὁ μὲν ἀνδρεῖος ἀδελφὸς ἐν τῇ θαλάττῃ σῴζειν τὰς καλὰς κόρας ἐθέλει· ὁ δὲ ἰσχυρὸς ἀδελφὸς τὰς κόρας αὐτὰς ἐκ τῆς θαλάττης λαμβάνειν οὔκ ἐστι δυνατός.

4- ὁ ἀγαθὸς ἄνθρωπος καλῶς λέγει πολλοὺς λόγους περὶ τὴν μεγάλην ἀρετὴν τῶν ἀθανάτων θεῶν· πολλὰν γὰρ σοφίαν ἔχει.

5- ἐπεὶ ὁ δεινὸς θεὸς ταῖς μῑκραῖς κόραις λέγει, τὰς κόρας ἐκ τοῦ καλοῦ ἱεροῦ ἀπὸ τῆς ἀγορᾶς αὐτῆς εἰς τοὺς μῑκροὺς οἴκους φεύγειν κελεύει.

6- μέγα μὲν δῶρον λαμβάνεις πρὸς τὸ ἱερὸν τῶν ἀθανάτων θεῶν, περὶ δὲ τὴν ἀρετὴν τῶν ἀνθρώπων καλῶς πολλοὺς λόγους λέξομεν.

7- ὁ δὴ ἰσχυρὸς ἀδελφὸς ἀνδρείως βλέπειν τὴν εὔδοξον νῆσον ἐν τῇ μακρᾷ θαλάττῃ ἐθέλει.

8- μὴ φεύγετε, ὦ καλαὶ κόραι, ἀπὸ τοῦ ἀγαθοῦ ἀνθρώπου ἐν τῷ ἄντρῳ· ὁ γὰρ πολλὰν σοφίαν ἔχει περὶ τούς τε ἀθανάτους θεοὺς καὶ τοὺς εὐδόξους ἀνθρώπους.

9- τοῦ δὲ μεγάλου ἡλίου αὐτοῦ ἕνεκα βλέπειν τὸν μέγαν ἵππον οὔκ ἐστι δυνατὸν ἐν τῷ πεδίῳ.

10- ἀπὸ μὲν τῶν Ἀθηνῶν μέλλω βαίνειν, τὰς δὲ ἀγαθὰς φίλας βλέπειν ἐν τῇ εὐδόξῳ ἀγορᾷ ἐθέλω.

Exercise 7 θ: Translate into Greek

1- Take, beautiful girls, the large gifts into the temple itself of the well known god.

2- On the one hand, the brother is brave, on the other, the same brother is not strong.

3- We will order the brother to walk from the small agora into the same field.

4- You are about to see the small houses on the big island.

5- I bravely speak to the gods themselves in the large temple in the agora.

Olive grove outside the acropolis of Sparta

Athena

οἱ δὴ πολλοὶ θεοὶ καὶ θεαί εἰσιν ἐν τῷ Ὀλύμπῳ· ἡ δὲ Ἀθηνᾶ ἐστι θεά τε πολέμου καὶ σοφίας καὶ ἱστουργίας· τοῦ μαντείου ἕνεκα ὁ βασιλεὺς τῶν θεῶν τὴν ματέρα τῆς Ἀθηνᾶς ἐσθίει· ὁ γὰρ Ζεὺς τόν τε υἱὸν καὶ τὴν κόρην ἔχειν οὐκ ἐθέλει· ὁ γάρ τε υἱὸς καὶ ἡ κόρη τὸν θεὸν αὐτὸν δυνατοί εἰσι καταβάλλειν. ἀλλὰ ὁ δὲ Ζεὺς τὴν ἰσχυρὰν Ἀθηνᾶν παύειν δυνατὸς οὔκ ἐστι· ἡ γὰρ θεὰ Ἀθηνᾶ ἐκ τῆς τοῦ θεοῦ κεφαλῆς ἀνακύπτει.

ὅ τε θεὸς τῆς θαλάττης, Ποσειδῶν, καὶ ἡ θεὰ Ἀθηνᾶ τὰς Ἀθήνας ἔχειν ἐθέλουσι· ἀλλὰ ὅτι οἱ θεοὶ τὴν αὐτὴν πόλιν ἔχειν ἐθέλουσι, οἱ δὲ θεοὶ αὐτοὶ ἔχειν ἆθλον δικάζουσι· ὁ μέν τε θεὸς καὶ ἡ θεὰ δῶρον ἀγαθὸν ταῖς Ἀθήναις παρέξουσι, ὁ δὲ ἀθάνατος Ζεὺς τὸν ἆθλον δικάσει· ὁ μὲν δεινὸς Ποσειδῶν τὴν γῆν μεγάλῃ τριαίνῃ ἰσχυρῶς βάλλει, καὶ τὸ φρέαρ τίκτει· ἀλλὰ τὸ δῶρον ἐστὶ κακόν, τὸ γὰρ ὕδωρ πολὺν ἅλα ἔχει· καὶ οἱ ἄνθρωποι ἐκ τοῦ δώρου τοῦ θεοῦ πίνειν οὔκ εἰσι δυνατοί. ἡ δὲ θεὰ αὐτὴ τὸ δῶρον καλὸν τοῖς ἀνθρώποις τῶν Ἀθηνῶν παρέχειν μέλλει· ἡ γὰρ καλὴ Ἀθηνᾶ τὸ μῑκρὸν δένδρον τίκτει· τὸ δὲ μῑκρὸν δένδρον πολλὰς ἐλαίας ἔχει· ὁ δὲ ἀθάνατος Ζεὺς τε τὸ φρέαρ καὶ τὸ δένδρον βλέπει, καὶ τὸν ἆθλον δικάζει· ὁ γὰρ θεὸς τὰς Ἀθήνας θύειν Ἀθηνᾶν κελεύει. ἡ νῦν Ἀθηνᾶ ἐστι ἡ θεὰ τῶν Ἀθηνῶν ἕνεκα τοῦ καλοῦ καὶ μεγάλου δώρου.

ἀλλὰ ἡ θεὰ οὔκ ἐστι ἀεὶ ἀγαθή· ἡ οὖν γὰρ κόρη ἐστὶ ὀνόματι ἡ Ἀράχνη, ἡ δὲ κόρη πολλὴν τέχνην ἱστουργίας ἔχει· πολλοὶ δὴ ἐκ πολλῶν γῶν βαίνουσι καὶ τὴν ἱστουργίαν τῆς Ἀράχνης βλέπειν ἐθέλουσιν. ἡ δὲ θεὰ αὐτή τε τὴν εὔδοξον κόρην καὶ τὴν καλὴν ἱστουργίαν βλέπειν ἐθέλει· ἐπεὶ ἡ δεινὴ Ἀθηνᾶ τὴν κόρην βλέπει, ἡ δὲ αὐτὴ θεὰ τὸν τῆς ἱστουργίας ἆθλον ἔχειν ἐθέλει· ἥ τε οὖν θεὰ καὶ ἡ κόρη ὑφαίνειν ἄρχουσι· ἡ μὲν θεὰ αὐτὴ τὴν καλὴν γραφὴν περὶ τᾶς τε Ἀθήνᾱς καὶ τὸ δῶρον τοῦ δένδρου καὶ τῆς ἐλαίᾱς καλῶς ὑφαίνει· ἡ δὲ κόρη καλῶς γραφὴν τῶν θεῶν καὶ ἀπατῶν ὑφαίνει· ὁ γάρ τε Ζεὺς καὶ Ποσειδῶν καὶ Ἀπόλλων εἰσὶν ἐν τῇ Ἀράχνης γραφῇ. ἀλλὰ τῆς γραφῆς ἕνεκα ἡ δεινὴ θεά ἐστι χαλεπὴ καὶ τὴν μῑκρὰν κόρην ἰσχυρῶς βάλλει· ἔπειτα ἡ Ἀθηνᾶ τὴν αὐτὴν κόρην εἰς τὴν ἀράχνην μεταβάλλει· αἱ νῦν ἀράχναι τὴν θεὰν Ἀθηνᾶν αὐτὴν μισοῦσιν.

Ὄλυμπος, ου, ὁ – Mt. Olympus
πόλεμος, ου, ὁ – war
ἱστουργίᾱ, ᾱς, ἡ – weaving
μαντεῖον, ου, τό – prophecy, oracle
ματέρα – mother (acc)
ἐσθίω, ἔδομαι – eat
καταβάλλω, καταβαλῶ – overthrow
παύω, παύσω – stop
κεφαλή, ῆς, ἡ – head
ἀνακύπτω, ἀνακύψω – emerge
Ποσειδῶν – Poseidon (nom)
ὅτι – since
πόλιν – city (acc)
ἆθλος, ου, ὁ – contest
δικάζω, δικάσω – decide, judge
τρίαινη – with his trident

βάλλω, βαλῶ – throw, hit, strike
φρέαρ, ατος, τό – well
τίκτω, τέξω – bring forth, create
ὕδωρ, ατος, τό – water
ἁλὰ – salt (acc. s.)
πίνω, πίομαι – drink
ἐλαίᾱ, ᾱς, ἡ – olive
θύω, θύσω – to worship
ἀεί – always
ὑφαίνω, ὑφανῶ – weave
γραφή, ῆς, ἡ – image, picture
ἀπάτη, ης, ἡ – deception, trick
χαλεπός, ή, όν – angry
μεταβάλλω – change, transform
ἀράχνη, ης, ἡ – spider
μισέω, μισήσομαι – hate

Athena with helmet and breastplate, Louvre Museum, Paris

Chapter 8 - Personal and Reflexive Pronouns

I. <u>Personal Pronouns</u>: English has 6 pronouns:

	1st person	2nd person	3rd person
Singular:	I	You	He/She/It
Plural:	We	Y'all	They

In Greek, these pronouns are used just like nouns are, so each one must have the 4 cases that nouns do.

	1st person	2nd person	3rd person
Nom.	ἐγώ	σύ	αὐτός, ή, ό
Gen.	ἐμοῦ / μου	σοῦ / σου	αὐτοῦ, ῆς, οῦ
Dat.	ἐμοί / μοι	σοί / σοι	αὐτῷ, ῇ, ῷ
Acc.	ἐμέ / με	σέ / σε	αὐτόν, ήν, ό
Nom.	ἡμεῖς	ὑμεῖς	αὐτοί, αί, ά
Gen.	ἡμῶν	ὑμῶν	αὐτῶν, ῶν, ῶν
Dat.	ἡμῖν	ὑμῖν	αὐτοῖς, αῖς, οῖς
Acc.	ἡμᾶς	ὑμᾶς	αὐτούς, άς, ά

Notes:
*The difference between the two forms in the 1st & 2nd person singular is that the accented form is more emphatic than the unaccented form. Consequently, the unaccented form is much more common in Attic Prose.
*You will notice that the 3rd person pronoun has the same forms as the adjective.

(you can now do exercise 8α)

King Herod

II. <u>The Reflexive Pronoun</u>: A reflexive pronoun, in any language, is a pronoun which refers to the subject of the verb:

    I see <u>myself</u> in the mirror   he loves <u>himself</u> too much
    you spoke <u>to yourself</u>   we know <u>ourselves</u> well
    Aphrodite covers <u>herself</u>   they protect <u>themselves</u>

In Greek the forms of this reflexive pronoun are as follows:

	1ˢᵗ person	2ⁿᵈ person	3ʳᵈ person
Nom.	----------	----------	----------
Gen.	ἐμαυτοῦ, ῆς	σεαυτοῦ, ῆς	ἑαυτοῦ, ῆς, οῦ
Dat.	ἐμαυτῷ, ῇ	σεαυτῷ, ῇ	ἑαυτῷ, ῇ, ῷ
Acc.	ἐμαυτόν, ήν	σεαυτόν, ήν	ἑαυτόν, ήν, ό

	1ˢᵗ person	2ⁿᵈ person	3ʳᵈ person
Nom.	----------	----------	----------
Gen.	ἡμῶν αὐτῶν	ὑμῶν αὐτῶν	ἑαυτῶν
Dat.	ἡμῖν αὐτοῖς, αἷς	ὑμῖν αὐτοῖς, αἷς	ἑαυτοῖς, αἷς, οἷς
Acc.	ἡμᾶς αὐτούς, ἅς	ὑμᾶς αὐτούς, ἅς	ἑαυτούς, ἅς, ἅ

Notes:
*The 1ˢᵗ and 2ⁿᵈ person have masculine and feminine forms, while the 3ʳᵈ has masculine, feminine and neuter forms. The different endings are always the same as 1ˢᵗ and 2ⁿᵈ declension nouns.
*Originally it was the personal pronoun & the intensifying adjective αὐτός, ή, ό, but over time all the forms contracted except 1ˢᵗ and 2ⁿᵈ plural. The forms are easy to learn since it is just αὐτός, ή, ό with –ἐμ, –σε, & –ἑ on the front, or the forms of the pronoun ἡμεῖς & ὑμεῖς with αὐτός, ή, ό after it.

(you can now do exercise 8β)

Aphrodite covers herself bathing, British Museum, London

III. <u>Possession</u>: We saw in chapter 3 that the genitive case can be used to show possession:

    ἡ φίλη τοῦ ἀνθρώπου – the friend of the man (the man's friend)
    τὸ ἱερὸν τῶν θεῶν – the temple of the gods (the gods' temple)

This is also true of the pronouns we just learned:
    ἡ φίλη ἐμοῦ – the friend of me (my friend)
    ὁ οἶκος ἡμῶν – the house of us (our house)
    ἡ ἀρετὴ αὐτοῦ – the virtue of him (his virtue)
    ὁ ἵππος αὐτῆς – the horse of her (her horse)

Additionally, for the 1st and 2nd persons, there are possessive adjectives which serve the same purpose. These are regular 1st & 2nd declension adjectives, and agree with the noun they are possessing:

1st singular- ἐμός, ή, όν   1st plural- ἡμέτερος, ᾱ, ον
2nd singular- σός, ή, όν   2nd plural- ὑμέτερος, ᾱ, ον

Examples:
    ἡ φίλη ἐμή –   my friend
    ὁ οἶκος ἡμέτερος –   our house
    τὴν σὴν ἀρετὴν –   your virtue
    οἱ ἵπποι ὑμέτεροι –   your (pl) horses

For the 3rd person possessive, there is no adjective, you must use the genitive of αὐτός, ή, όν.

(you can now do exercise 8γ)

Vocabulary

Pronouns & Noun:
ἐγώ – I
σύ – You (s)
ἡμεῖς – We
ὑμεῖς – Y'all (pl)
αὐτός, ή, ό – He, She, It, Them
φοβία, ας, ἡ – fear

Reflexive Pronouns:
ἐμαυτοῦ, ῆς – myself
σεαυτοῦ, ῆς – yourself (s)
ἡμῶν αὐτῶν – ourselves
ὑμῶν αὐτῶν – yourselves (pl)
ἑαυτοῦ, ῆς, οῦ – himself, herself, itself, themselves

Adjectives:
ἐμός, ή, όν – my
ἡμέτερος, α, ον – our
αὐτοῦ, ῆς, οῦ – his, hers, its, theirs (genitive of the pronoun, not an adjective)

σός, ή, όν – your (s)
ὑμέτερος, α, ον – your (pl)

Verbs:
ἄγω, ἄξω, ἤγαγον – to lead
εὑρίσκω, εὑρήσω, ηὗρον OR εὗρον – to find, discover

Vocabulary Notes & Derivatives

ἄγω – pedagogue, pedagogy, demagogue, demagogy, antagonist, protagonist, synagogue, xenogogue (tour guide), phylacagogic (stimulating the production of antibodies- i.e., a vaccine)

εὑρίσκω – heuristic (pursuit of knowledge by observation), eurematics (the history of invention)

Salome and John the Baptist, Louvre Museum, Paris

Exercise 8 α: Translate

1- ἐγώ σε βλέπω
2- ἡ κόρη με εὑρίσκει
3- ὑμῖν λέγομεν
4- αὐτοὺς βλέψω
5- ἡμεῖς φεύγομεν
6- σοι λέγει
7- αὐτὴν σῴζετε
8- ἐμοὶ λέξουσι
9- ἡμᾶς λύσει
10- αὐτὸ ἔχω
11- ὑμᾶς ἄγομεν

12- he walks towards me
13- we will see her
14- speak to them!
15- I see y'all
16- you will find us
17- we lead them
18- we take it
19- save me!
20- he will see you
21- you speak to us
22- he flees from y'all

Exercise 8 β: Translate

1- ἑαυτὸν ἄγει
2- ἐμαυτῷ λέγω
3- ἡμᾶς αὐτοὺς σῴσομεν
4- σεαυτὸν εὑρίσκεις
5- ἑαυτοὺς λύσουσιν
6- ἐμαυτὸν λαμβάνω
7- σεαυτῇ λέγεις
8- ὑμᾶς αὐτὰς σῴζετε
9- ἡμᾶς αὐτοὺς βλέψομεν
10- ἑαυτὸν φιλεῖ
11- ὑμῖν αὐτοῖς λέγετε

12- He flees from himself
13- Y'all see yourselves
14- I talk to myself
15- They will lead themselves
16- You free yourself
17- It holds itself
18- We talk to ourselves
19- She will discover herself
20- Y'all see yourselves
21- We find ourselves
22- I love myself

Exercise 8 γ: Translate

1- ὁ οἶκος αὐτοῦ

2- ἡ ἐμὴ σοφία

3- τὰ ἡμέτερα δῶρα

4- οἱ ἵπποι αὐτῶν

5- ὁ σὸς ἀδελφός

6- τὰς ὑμετέρᾱς γᾶς

7- ἐν τῷ ἡμετέρῳ ἄντρῳ

8- τὴν νῆσον σὴν

9- αἱ ἀρεταὶ αὐτοῦ

10- οἱ θεοὶ ὑμέτεροι

11- τῶν τεχνῶν ἐμῶν

12- to our daughter

13- on my island

14- your (pl) brothers

15- her house

16- your (s) words

17- because of our fortune

18- away from your (pl) agora

19- their horse

20- in your (s) house

21- my gift

22- his plain

Exercise 8 δ: Translate

1- σὺ πρὸς τὸν ἐμὸν οἶκον βαίνεις, ἀλλὰ δὴ ἀνδρείως τοὺς μεγάλους ἵππους ἀπὸ τοῦ πεδίου εἰς τὴν ἀγορὰν ἄγειν μέλλω.

2- ὁ δὲ ἄνθρωπος πολλοὺς λόγους μοι καλῶς λέγει· "σὺ μὲν πολλὴν τέχνην ἔχεις, ἐγὼ δὲ τὴν τύχην τῶν θεῶν ἕξω.

3- τῇ ἡμετέρᾳ κόρῃ λέγομεν· "τε σε καὶ τὰς σὰς φίλᾱς τοὺς ἡμετέρους ἵππους ἄγειν εἰς τὰς ἀγορὰς ἐθέλομεν."

4- ὁ δὴ ἀνδρεῖος ἄνθρωπος ἑαυτὸν βλέπει, ἀλλὰ αὐτὸν ἐν τῇ ἀγορᾷ οὐ βλέπομεν· ἡμεῖς οὖν αὐτὸν εὑρίσκειν ἐθέλομεν.

5- ὑμεῖς μὲν ἀπὸ τοῦ ἄντρου ἀνδρείως ἡμᾶς λύετε, οὐ δὲ λύετε ὑμᾶς αὐτοὺς ἀπὸ τοῦ αὐτοῦ ἄντρου.

6- ἐγὼ μὲν σε σῴζειν ἐθέλω ἀπὸ τοῦ κακοῦ ἀνθρώπου, μεγάλης δὲ φοβίας ἐμῆς ἕνεκα εἰς τὸ μέγα πεδίον φεύγειν μέλλω.

7- οἱ ἀγαθοὶ ἄνθρωποι αὐτοὶ ἡμῖν λέγουσι· "λαμβάνετε, ὦ ὑμεῖς, τὰ ἡμέτερα δῶρα εἰς τὸ ἱερὸν τῶν θεῶν καὶ αὐτοὶ ἡμᾶς ἐκ μεγάλης φοβίας λύσουσιν.

8- "μὴ φεύγετε, ὦ κόραι·" λέγω, "τε ὑμᾶς καὶ τὸν ὑμέτερον οἶκον βλέπειν ἐθέλω."

9- οἱ ἀθάνατοι θεοὶ ἡμᾶς λαμβάνειν τὰ ἡμέτερα δῶρα κελεύουσιν εἰς τὸ ἱερὸν ἑαυτῶν πρὸς τῇ θαλάττῃ.

10- ἐμαυτὸν μεγάλως φιλῶ· ἐγὼ γάρ τε πολλὴν τύχην καὶ πολλὰς φίλας καὶ πολλὴν σοφίαν ἔχω καὶ μεγάλην φοβίαν οὐκ ἔχω.

Exercise 8 ε: Translate into Greek

1- I see y'all in the agora, but I will not talk to y'all.

2- On the one hand, the immortal gods themselves talk to us, on the other, they will not free us from fear.

3- We lead her to the temple of the god, but he does not speak to her and us.

4- Save me, fearsome god; for I am about to flee from the evil men.

5- You will see yourself, but you do not wish to talk to yourself.

Baby John the Baptist! (and Jesus & Mary), Louvre Museum, Paris

<u>Mark 6:22; 24-25; 27-29 (adapted)</u>: King Herod decides to give to his daughter a present, but this girl obviously doesn't want another 'My Little Pony.' Who says the Bible can't be fun?

ὁ δὲ βασιλεὺς <u>εἶπεν</u> τῇ κόρῃ ἑαυτοῦ· <u>αἴτησόν</u> με <u>ὃ ἐὰν θέλῃς</u>, καὶ <u>δώσω</u> αὐτό σοι· καὶ εἶπεν τῇ <u>μητρὶ</u> αὐτῆς· <u>τί αἰτήσωμαι</u>; ἡ δὲ εἶπεν· τὴν <u>κεφαλὴν</u> Ἰωάννου τοῦ βαπτιστοῦ. καὶ <u>εὐθὺς</u> <u>μετὰ σπουδῆς</u> πρὸς τὸν βασιλέα βαίνει καὶ λέγει· <u>θέλω</u> <u>ἵνα δῷς</u> μοι <u>ἐπὶ</u> <u>πίνακι</u> τὴν κεφαλὴν Ἰωάννου τοῦ βαπτιστοῦ. καὶ εὐθὺς <u>πέμπει</u> ὁ βασιλεὺς <u>σπεκουλάτορα</u> καὶ αὐτὸν <u>ἐπιτάττει</u> <u>φέρειν</u> τὴν κεφαλὴν αὐτοῦ· ὁ δὲ (σπεκουλάτωρ) <u>ἀποκεφαλίζει</u> αὐτὸν ἐν τῇ <u>φυλακῇ</u>. καὶ φέρει τὴν κεφαλὴν αὐτοῦ ἐπὶ πίνακι καὶ <u>ἔδωκεν</u> αὐτὴν τῇ κόρῃ, καὶ ἡ κόρη ἔδωκεν αὐτὴν τῇ μητρὶ αὐτῆς. καὶ ἐπεὶ οἱ <u>μαθηταὶ</u> αὐτοῦ ἀκούουσι, <u>ἦλθαν</u> καὶ <u>αἴρουσι</u> τὸ <u>πτῶμα</u> αὐτοῦ, καὶ <u>ἔθηκαν</u> αὐτὸ ἐν <u>μνημείῳ</u>.

εἶπεν– he/she said
αἴτησόν– ask (imperative)
ὃ ἐὰν θέλῃς– "whatever you want"
δίδωμι, δώσω– to give
μητρὶ– (dat)- mother
τί αἰτήσωμαι– "what should I ask for?"
κεφαλή, ῆς, ἡ– head
Ἰωάννος ὁ βαπτιστός– John the Baptist
εὐθὺς– immediately
μετὰ σπουδῆς– with haste
θέλω = ἐθέλω
ἵνα δῷς– "that you give"
ἐπί + dat= on
πίνακι (dat.)- a platter
πέμπω, πέμψω– send

σπεκουλάτορα– (acc. sing)- executioner
(nom = σπεκουλάτωρ)
ἐπιτάττω, ἐπιτάχω = κελεύω
φέρω– bring
ἀποκεφαλίζω– if κεφαλή means head, and ἀπό means from, what does this verb mean?
φυλακή, ῆς, ἡ– prison
ἔδωκεν– he/she gave
μαθηταί– disciples
ἦλθαν– they came
αἱρέω– take up
τὸ πτῶμα– corpse
ἔθηκαν– they laid
μνημεῖον, οῦ, τό– tomb

Chapter 9 - Interrogatives, πᾶς, πᾶσα, πᾶν

I. The Interrogative Pronoun, τίς, τί

In English, one can begin a question with the pronoun "who" or "what." In Greek, this pronoun has one set of endings for the Masculine & Feminine, and a second set for neuter.

	Masc./Fem.	Neut.
Nom.	τίς	τί
Gen.	τίνος	τίνος
Dat.	τίνι	τίνι
Acc.	τίνα	τί
Nom.	τίνες	τίνα
Gen.	τίνων	τίνων
Dat.	τίσι (ν)	τίσι (ν)
Acc.	τίνας	τίνα

Notes
*The only main difference between the two sets of forms is the nom/acc of the neuter.
*The dative plural, τίσι (ν), has a nu-movable only used when it is followed by a vowel. It also lacks the nu in the stem.
*These are essentially the same endings as the 3rd declension nouns that we will see later in the year- learning these forms now greatly reduces the amount of work later.

Examples:

τίς πρὸς τὸν οἶκον βαίνει;	Who is walking towards the house?
τίνα βλέπεις;	Whom do you see?
τίνες φεύγουσιν;	Who (pl) is fleeing?
τίνι λέγεις;	To whom are you talking?
τί βλέπεις;	What do you see?

II. The Interrogative Adjective, τίς, τί

The same forms you learned above can also be used as an interrogative adjective. The difference is that as an adjective it describes a noun, and is translated "which" or sometimes "what."

Examples:

τίς ἄνθρωπος βαίνει;	Which man is walking?
τίνα κόρην βλέπεις;	You see which girl?
ἐν τίνι οἴκῳ ἐστί;	In which house is he?
τί δένδρον βλέπεις;	Which tree do you see?
τίνα δῶρα λαμβάνεις;	Which/what gifts are you taking?

III. <u>The Adjective πᾶς, πᾶσα, πᾶν "all, whole, every:"</u> Since you just learned the forms for τίς τί, now would be a good time to introduce the last irregular adjective. The reason that this adjective is irregular is because the masculine and neuter endings are similar to those of τίς τί (3rd declension endings), while the feminine endings are 1st declension.

	Masc.	Fem.	Neut.
Nom.	πᾶς	πᾶσα	πᾶν
Gen.	παντός	πάσης	παντός
Dat.	παντί	πάσῃ	παντί
Acc.	παντά	πᾶσαν	πᾶν
Nom.	πάντες	πᾶσαι	πάντα
Gen.	πάντων	πασῶν	πάντων
Dat.	πᾶσι	πάσαις	πᾶσι
Acc.	πάντας	πάσας	πάντα

Notes-
*The Femine forms are exactly the same as the 1st declension θάλαττα, ης
*For some reason, for the masc/neut forms, the accent in the singular is on the last syllable, while in the plural it is on the penult.

(you can now do exercise 9δ)

IV. <u>Other Interrogative Words</u>: There are a few other important interrogative words you need to know.

    πώς – how?
    πότε – when?
    ποῦ – where?
    πόθεν – from where?
    ἆρα – this word is untranslatable, but is used to introduce a yes or no question
    τί – in addition to being the neuter of τίς, τί this word also can mean "why?"

(you can now complete the exercises in chapter 9)

Vocabulary

<u>Adverbs</u>:
πῶς – how?
πότε – when?
ποῦ – where?
πόθεν – from where?
ἆρα – introduced a yes or no question
τί – why?

<u>Interrogative Pronoun/Adjective</u>:
τίς, τί – who, what, which

<u>Particle</u>:
γε – (postpositive) emphasizes the preceding word "indeed," "at least"

<u>Verb</u>:
βλάπτω, βλάψω, ἔβλαψα – to harm, hurt, damage, hinder

<u>Conjunctions</u>:
οὐδέ – and… not; nor
οὔτε…οὔτε – neither… nor (*note the funny accent*)

Exercise 9 α: Translate

1- τίς κελεύει;
2- πόθεν βαίνετε;
3- ἆρα λέγειν ἐθέλεις;
4- τί ἔχεις;
5- τίνι λέξεις;
6- τίνες λέγουσιν;
7- ποῦ ὁ ἀδελφός ἐστι
8- τίνα εὑρίσκεις;
9- πῶς σεαυτὸν σῴσεις;
10- ἆρα τοὺς ἵππους λύσετε;
11- πότε ἄρχεις;
12- τί λαμβάνετε;
13- τί φεύγεις;
14- τίνος φίλην βλέψεις;
15- ποῦ τὴν κόρην βλέπετε;
16- τίνας ἄγεις;

Exercise 9 β: Translate into Greek

1- How will you save her?
2- Do you see them?
3- Who are freeing the men?
4- Why do you talk?
5- To whom am I talking?
6- Where is the girl?
7- Whom do you save?
8- What will you see?
9- From where are you fleeing?
10- Where is the house?
11- Who is in the house?
12- When will you lead?
13- Whom do we free?
14- Do I want to save myself?
15- What do you have?
16- Do you see her?

Prison in Athens where Socrates was believed to be held before his execution

Exercise 9 γ: Translate

1- τὶ δῶρον ἔχετε;
2- ἐν τίνι νήσῳ ἐστι;
3- τὶς θεός με σώσει;
4- τίς σε λύσει;
5- πῶς με σῴζει;
6- τὶ λέγεις;
7- τίνι θεᾷ δῶρον ἕξεις;
8- πρὸς τίνα θάλατταν βαίνεις;
9- τίνας ἀνθρώπους βλέπεις;
10- τίνες κόραι φεύγουσι;

11- Which girl do you save?
12- In which temple is the gift?
13- Whom will you see?
14- Which gift do you take?
15- Which horse do you free?
16- To which house do you walk?
17- Where is the cave?
18- To which man will you talk?
19- When do we flee?
20- Which brothers do you see?

Exercise 9 δ: Translate

1- πᾶσαι θάλατται
2- ἐν τῇ πάσῃ ἀγορᾷ
3- πάντες λόγοι
4- πάντας ἀδελφοὺς
5- πᾶσα θεά

6- πᾶσαν σοφίαν
7- πάντων ἵππων
8- πάντα δῶρα
9- to all the men
10- every cave

11- the whole house
12- to all the goddesses
13- of all the islands
14- in every plain
15- all the temples

Exercise 9 ε: Translate

1- τὶς βλάπτει κακῶς τοὺς πάντας ἀγαθοὺς ἀνθρώπους; ὅ γε κακὸς ἄνθρωπος τοὺς ἀγαθοὺς βλάπτει.

2- πόθεν, ὦ φίλε, βαίνεις; ἐγὼ δὴ ἀπὸ τοῦ μεγάλου ἱεροῦ πρὸς τῇ θαλάττῃ βαίνω.

3- ποῦ ἐστι ὁ ἐμοῦ ἀδελφός; αὐτός γε ἐν τῇ ἀγορᾷ, ὁ γὰρ σὸς ἀδελφὸς τὰ πάντα δῶρα λαμβάνει πρὸς τὰς καλὰς κόρας.

4- τίνα κόρην βλέπεις; τὴν μῑκρὰν κόρην βλέπω καὶ αὐτὴ ἔχει πολλὰν φοβίαν τῶν κακῶν ἀνθρώπων.

5- πότε οἱ ὑμέτεροι ἀδελφοὶ πρὸς τὸν ἐμὸν οἶκον βαίνουσι; οἵ γε ἡμέτεροι ἀδελφοὶ οὐ βαίνουσι, αὐτοὶ γὰρ τὰς πάσας κόρας σῴζειν μέλλουσιν ἐν τῇ μεγάλῃ νήσῳ.

6- τί αὐτοὶ τὰς καλὰς κόρας σῴζειν ἐθέλουσιν; οἱ δεινοὶ θεοὶ τὰς πάσας κόρας κακῶς βλάπτειν ἐθέλουσι, οὐδὲ οἱ πάντες θεοὶ αὐτοί εἰσι ἀγαθοί.

7- πῶς αὐτοὶ τὰς καλὰς κόρας σώσουσιν; οἱ μὲν ἡμέτεροι ἀδελφοὶ ἀνδρείως πρὸς τὴν ἀγορὰν βαίνουσι, ἔπειτα δὲ αὐτοί ἐκ τοῦ ἱεροῦ ἄξουσι τὰς πάσας κόρας.

8- ἆρα φοβίᾱν ἔχεις τῶν δεινῶν θεῶν; ἐγώ γε ἔχω πολλὰν φοβίᾱν· οἱ γὰρ ἀθάνατοι θεοί τε ἐμὲ καὶ ἐμὰς φίλᾱς πάντας βλάπτειν εἰσὶ δυνατοί.

9- τίς τὰ δῶρα πρὸς τὰ τῶν κακῶν θεῶν ἱερὰ λαμβάνει; ἐγώ γε τὰ δῶρα οὔτε μῑκρὰ οὔτε κακὰ λαμβάνω· ἐγὼ γάρ με βλάπτειν τοὺς θεοὺς οὐκ ἐθέλω.

10- τίνα δῶρα λαμβάνεις; πολλὰ δῶρα εἰς τὰ ἱερὰ λαμβάνω· οἱ γὰρ θεοὶ οὐ βλάψουσι τοὺς ἀγαθοὺς καὶ ἀνδρείους ἀνθρώπους.

Exercise 9 ζ: Translate into Greek
1- When do your friends come (walk) to our home near the sea?

2- To which men is your brother about to talk?

3- Who is looking at the sun in the large plain?

4- From where is my brother fleeing on account of his great fear?

5- Is the well known goddess neither on the land nor in the sea?

Socrates

Socrates and Glaucon Discuss Virtue

Σοκρατῆς- τίς, ὦ φίλε, ἐστὶ ἄνθρωπος ἀγαθός;

Γλαύκων- ὁ ἄνθρωπός ἐστι ἀγαθὸς ὅς ἀγαθὰ ἀγαθοῖς ἀνθρώποις ποιεῖ.

Σοκ- τίνα ἐστὶ ἀγαθά;

Γλαυ- σώζειν ἀνδρείως τὸν σὸν φίλον ἐστὶ ἀγαθόν.

Σοκ- αὐτό γέ ἐστι ἀγαθόν· ἆρα καὶ δή ἀγαθόν ἐστι σώζειν τὸν σὸν ἐχθρόν;

Γλαυ- οὔκ ἐστι.

Σοκ- τί ἐστι οὐκ ἀγαθόν;

Γλαυ- ὁ γὰρ σὸς ἐχθρὸς κακῶς σὲ βλάπτειν ἐστι δυνατός. πᾶς γε ἐχθρός ἐστι ὁ κακὸς ἄνθρωπος.

Σοκ- ἆρα ἐχθρός ἐστι δυνατὸς γίγνεσθαι φίλος;

Γλαυ- ἐστι δυνατός.

Σοκ- πῶς ἐστι δυνατόν;

Γλαυ- ὁ ἐχθρὸς γενήσεται φίλος εἰ ἀγαθὰ αὐτῷ ποιεῖς.

Σοκ- ἆρα ἐστὶ ἀμείνον ὠφελεῖν τὸν σὸν φίλον ἢ τὸν σὸν ἐχθρόν;

Γλαυ- ἐστί γε ἀμείνον ὠφελεῖν τὸν σὸν φίλον.

Σοκ- ἀλλὰ ἆρα εἰ τὸν σὸν ἐχθρὸν ὠφελεῖς, αὐτὸς ὁ σὸς φίλος γενήσεται;

Γλαυ- ναί.

Σοκ- ἐπεὶ δὲ οἱ πάντες σοὶ ἐχθροί εἰσι οἱ φίλοι, τίς σε βλάψει;

Γλαυ— <u>οὐδείς</u> μεγάλως με βλάψει. οὐδὲ ἐχθροὺς ἔξω.

Σοκ— ἆρα οὖν ἀγαθόν ἐστι ἀγαθὰ ποιεῖν τοῖς σοῖς ἐχθροῖς;

Γλαυ— ναί.

Σοκ— τὶς οὖν ἐστι ὁ ἀγαθὸς ἄνθρωπος;

Γλαυ— ὁ γὲ ἄνθρωπος ἐστὶ ἀγαθὸς ὅς τε τοὺς φίλους αὐτοῦ καὶ τοὺς ἐχθροὺς αὐτοῦ ὠφελεῖ·

ὅς— who (rel pronoun)
ποιεῖ— does
καὶ δή— also, moreover
ἐχθρός, οῦ, ὁ— enemy
γίγνεσθαι— to become (infinitive)
γενήσεται— he will become

εἰ— if
ἀμείνον— better
ὠφελεῖν— to help
ναί— it is true
οὐδείς— no one

"τὶς, ὦ <u>Σωκρατίδιον</u>, <u>ἀπέθανον</u> καὶ ποιεῖ σε τὸν βασιλέα;"
    Σωκρατίδιον, ου, τό— dear little Socrates
    ἀπέθανον— died (3rd s. aorist tense)

Chapter 10 - The Imperfect Tense; The Dative of Means

I. <u>The Imperfect Tense</u>: The imperfect tense is made by combining the 1st principal part with a different set of endings. In addition, at the beginning of the 1st principal part will be a "past indicative augment." Place an "ἐ–" before the 1st principal part, then add the following endings:

<u>λύω, λύσω, ἔλυσα</u>

1-	ἔλυον	–ον	I was freeing, I used to free
2-	ἔλυες	–ες	You were freeing, you used to free
3-	ἔλυε(ν)	-ε(ν)	He, She, It was freeing, used to free
1-	ἐλύομεν	–ομεν	We were freeing, we used to free
2-	ἐλύετε	–ετε	Y'all were freeing, y'all used to free
3-	ἔλυον	–ον	They were freeing, they used to free

Notes-
*The 1st person singular & the 3rd person plural have the same ending –ον. It will be clear from context which one you are seeing.
*The nu-movable on the 3rd person singular works just like the one on the present, 3rd plural "-ουσι(ν)." Use only before a vowel or at the end of a sentence.

In cases where the 1st principal part already begins with a vowel, the past augment is shown by changing the vowel from short to long. Hence, the imperfect tense will usually begin with the same letter as the 3rd principal part:

<u>ἐθέλω, ἐθελήσω, ἠθέλησα</u>

1- ἤθελον
2- ἤθελες
3- ἤθελε(ν)
1- ἠθέλομεν
2- ἠθέλετε
3- ἤθελον

Note- ἔχω, ἕξω, ἔσχον has an irregular augment. It is εἰ.

singular	plural
1- εἶχον	1- εἴχομεν
2- εἶχες	2- εἴχετε
3- εἶχε(ν)	3- εἶχον

III. <u>The Dative of Means</u>: When you use a tool or instrument, in Greek you use the dative case, without a preposition. When you translate it, you add "by means of" or "with" in English.

Examples:

τὰς κόρας <u>μακρῷ δεσμῷ</u> σῴζει – He saves the girl with a long rope
(by means of a rope)

τοὺς ἀνθρώπους <u>μαχαίρᾳ</u> βλάπτεις – You harm the men with a sword
(by means of a sword)

ὁ ἄνθρωπος <u>βακτηρίᾳ</u> βαίνει – The man walks with a cane
(by means of a cane)

ὁ ἀδελφὸς τὴν κόρην <u>τῷ ὅπλῳ</u> ἔσῳζεν – The brother was saving the girl
by means of his shield

Athena & Herakles

Vocabulary

Verbs:
γράφω, γράψω, ἔγραψα– to write
θύω, θύσω, ἔθυσα– to sacrifice
κόπτω, κόψω, ἔκοψα– to strike, cut, kill
κατακόπτω, κατακόψω, κατέκοψα– to cut down, kill, slay
λείπω, λείψω, ἔλιπον– to leave, leave behind
παρέχω, παρέξω, παρέσχον– to furnish, supply (give)
πέμπω, πέμψω, ἔπεμψα– to send

Nouns:
ἐχθρός, οῦ, ὁ– enemy
ζῷον, ου, τό– animal
μάχαιρα, ας, ἡ– sword
ὁδός, οῦ, ἡ– road
ὅπλον, ου, τό– shield

Prepositions:
ἐπί + acc- towards, up to
κατά + acc- down from, down
πρό + gen- before; in front of; instead of

Vocabulary Notes & Derivatives

γράφω– anything that ends in "graphy:" biography, autography, bibliography, calligraphy, choreograph, demographic, etc.
ἐπί– epicenter, epidemic, epigraphy, epilogue
ζῷον– zoo, zoology, Mesozoic
κατά– catastrophe, cataract, catalogue, catalyst
λείπω– eclipse, ellipse, ellipsis
ὁδός– electrode, episode, method, odometer, period, synod
παρέχω– parent [Note- the imperfect of ἔχω and παρεχω is εἶχον]
πέμπω– pomp
πρό– progeny, prognosis, program, prologue, proxy

Exercise 10 α: Conjugate the following verbs in the person and number given for the imperfect, present & future tenses

	Imperfect	Present	Future

1- λύω – 2ⁿᵈ s.

2- λέγω – 3ʳᵈ pl.

3- σώζω – 1ˢᵗ pl.

4- βλάπτω – 3ʳᵈ s.

5- ἄρχω – 1ˢᵗ s.

6- βλέπω – 2ⁿᵈ pl.

7- ἐθέλω – 3ʳᵈ s.

8- ἔχω – 1ˢᵗ pl.

Exercise 10 β: Translate

1- ἐλέγετε

2- βλέψομεν

3- βλάπτει

4- ἔσῳζες

5- λύσουσιν

6- ἤθελον

7- ἄρξεις

8- ἄρχει

9- ἐλάμβανε

10- ἐθελήσω

11- ἐλάμβανον

12- σῴζομεν

13- ἔβαινες

14- ἐβαίνετε

15- ἕξετε

16- βλάπτεις

17- ἔφευγον

18- ἐθελήσεις

19- λέξεις

20- εἴχομεν

Exercise 10 γ: Translate into Greek

1- I will save
2- I was walking
3- You harm
4- Y'all will wish
5- Y'all used to flee
6- We will free
7- She will see
8- Take! (s)
9- He was talking
10- We are fleeing
11- You were freeing
12- Y'all will have
13- We will talk
14- They used to rule
15- They will free
16- He used to want
17- I am taking
18- They will rule
19- I was talking
20- She was harming

Exercise 10 δ: Translate the underlined words into Greek

1- He fights with a sword.
2- We defended ourselves with our shields.
3- The wicked witch was crushed by the house.
4- I was encouraged by his words.
5- Everyone was impressed by his courage.
6- The archon was easily swayed by a bribe.
7- The enemies were stabbed with swords.
8- No one is more favored by luck.
9- I am impressed by your skill.
10- She was angered by my speech.
11- The soldier fought off the attack with his shield.
12- Your teachers are not affected by bribes.

Exercise 10 ε: Translate

1- οὔτε οὖν οἱ ἀνδρεῖοι ἄνθρωποι μεγάλαις μαχαίραις κατέκοπτον τοὺς κακοὺς ἐχθρούς, οὔτε τὰ πάντα δῶρα ἐν τῷ ἱερῷ λείψουσιν.

2- αἱ μὲν κόραι κατὰ τὴν ὁδὸν τὰ ζῷα ἦγον καὶ ἔπεμπον ἐπὶ τὸ πεδίον, οἱ δὲ ἐχθροὶ πρὸ τῶν οἴκων κακῶς τὰ πάντα ζῷα κατακόψουσι.

3- πολλοὺς δὴ λόγους καλῶς περὶ τὴν τῶν ἀθανάτων θεῶν σοφίαν γράψομεν, καὶ οὖν γε οἱ θεοὶ αὐτοὶ κακῶς οὐ βλάψουσι ἡμᾶς.

4- ὁ μὲν σὸς ἀδελφὸς τὰς μαχαίρᾱς παρεῖχε τοῖς ἡμετέροις ἐχθροῖς, ἡμεῖς δέ γε νῦν αὐτὸν κατακόψομεν.

5- ἐπεὶ τὰ πολλὰ ζῷα μαχαίραις ἐθύομεν, οἱ δὴ δεῖνοι θεοὶ κατὰ τὸ μέγα ἱερὸν ἔβλεπον ἡμᾶς.

6- συ γε ἀνδρείως τοὺς ἡμετέρους ἐχθροὺς ἐν τῇ ὁδῷ πολλαῖς μαχαίραις οὐ κόψεις, καὶ ὑμεῖς κατὰ τὴν ὁδὸν ἐπὶ τοὺς ὑμετέρους οἴκους φεύγειν μέλλετε.

7- τὰ πάντα μὲν ζῷα πρὸς τὴν θάλατταν ἤγομεν καὶ πρὸ τοῦ ἱεροῦ ἐθύομεν, πολλοὶ δὲ περὶ τὴν ἡμετέρᾱν ἀρετὴν οὐκ ἔγραφον.

8- πολλὰν μέν γε φοβίαν τῶν εὐδόξων θεῶν ἔχομεν, ἡμεῖς δὲ μαχαίρᾳ τὰ ἀγαθὰ ζῷα πρὸ τοῦ μεγάλου ἱεροῦ οὐ θύσομεν.

9- μὴ λείπετε τὰς κόρᾱς πρὸ τοῦ ἄντρου ἐν τῇ νήσῳ· οἱ γὰρ ἰσχυροὶ ἐχθροὶ τὰς μῑκρὰς κόρᾱς εὑρήσουσιν καὶ αὐτὰς κακῶς κατακόψουσιν.

10- τὶς δὴ κατὰ τὴν ὁδὸν τοὺς ἐμοὺς ἵππους εἰς τὸ πεδίον πρὸς τῇ ἀγορᾷ ἔπεμπεν; τόν τε κακὸν ἄνθρωπον κόψω καὶ τοὺς θεοὺς βλάπτειν τὰς αὐτοῦ κόρας κελεύσω.

Exercise 10 ζ: Translate into Greek

1- Were you leaving my horses in the field in front of your house?

2- You will lead your brother down from the road into the agora.

3- I will not write evil words about your daughter; Indeed, I will furnish to her many beautiful gifts.

4- Walk up to the temple, girls. Do not flee, but bravely sacrifice the animals to the immortal god.

5- You were killing my horses. Now I will strike you with a sword.

A Spartan μάχαιρα

Aesop's Fables:

ΗΡΑΚΛΗΣ ΚΑΙ ΤΟ ΜΗΛΟΝ

Ἡρακλῆς ἐν τῇ ὁδῷ ἔβαινε, ἐπεὶ τὸ μῑκρὸν μῆλον ἐν τῇ γῇ ἔβλεπεν. Ἡρακλῆς μὲν ἔκοπτε μεγάλῳ ξύλῳ τὸ μῆλον, ἀλλὰ δὲ τὸ μῆλον ἐβλάστανεν· Ἡρακλῆς γε ἐθαύμαζε, καὶ αὖθις ἔκοπτε τὸ μῆλον μεγάλῳ ξύλῳ· αὖθις δὲ τὸ μῆλον ἐβλάστανεν. αὖθις δὲ ἐθαύμαζε· Ἡρακλῆς τὸ ξύλον ἐκβάλλει καὶ λέγει· "πόθεν τὸ μῆλον ἔβαινε; πῶς βλαστάνει;" ἔπειτα ἡ θεὰ Ἀθηνᾶ αὐτοῦ ἤκουε, καὶ πρὸς αὐτὸν ἔβαινε· ἡ δὲ ἀθάνατος θεὰ καλῶς ἔλεγε· "ὦ Ἡρακλῆς, μὴ θαύμαζε· τὸ μῆλον ἐστὶ θυμός· ἐπεὶ αὐτὸ κόπτεις, τὸ μῆλον βλαστήσει· ἐπεὶ οὐδὲ κόπτεις καὶ αὐτὸ λείπεις, τὸ μῆλον μῑκρὸν μένει." Ἡρακλῆς δὲ τοὺς λόγους τῆς θεᾶς ἤκουε καὶ τὸ μῆλον ἔλειπεν, αὖθις δὲ ἐν τῇ ὁδῷ ἔβαινε.

μῆλον, ου, τό– apple
ξύλον, ου, τό– club
βλαστάνω, βλαστήσω– grow
θαυμάζω– be amazed
αὖθις– again

ἐκβάλλω– drop
ἀκούω– hear + genitive of person heard
θυμός, οῦ, ὁ– anger
μένω– remain

Ο ΖΕΥΣ ΚΑΙ ΤΑ ΔΕΝΔΡΑ

τὰ δένδρα ἔβαινε πρὸς τὸν θεόν, καὶ ἔλεγεν αὐτῷ "ὦ Ζεῦ, ὦ δεινὲ θεῦ, πάντα τε ζῷα καὶ δένδρα ποιεῖς· τί ἡμᾶς ποιεῖς; τί ἡμᾶς <u>ἀναφύσεις</u> ἐν τῇ γῇ; τίνα <u>γνώμην</u> ἔχομεν; ἐκ γὰρ τῆς γῆς ἡμᾶς ἀναφύσεις, ἀλλὰ ἐπεὶ <u>πεπαίνομεν</u>, ὁ δὲ <u>αὐτουργὸς</u> ἡμᾶς πάντας κακῶς κατακόψει." ὁ δὲ Ζεὺς τὰ πάντα δένδρα ἤκουε καὶ ὁ ἀθάνατος θεὸς αὐτοῖς ἔλεγεν· "ὑμεῖς τὴν ὑμετέραν <u>διαφθορὰν</u> παρέξετε· ὑμεῖς γὰρ τοῖς πᾶσιν αὐτουργοῖς τὰς τῆς <u>ἀξίνης</u> πάσας <u>λαβὰς</u> παρέξετε· οἱ αὐτουργοὶ ὑμᾶς ταῖς ἀξίναις κατακόψουσιν."

ἀναφύσω– make grow
γνώμη, ης, ἡ– purpose
πεπαίνω– reach maturity
αὐτουργός, οῦ, ὁ– farmer

διαφθορά, ᾶς, ἡ– destruction
ἀξίνη, ης, ἡ– axe
λαβή, ῆς, ἡ– handle

The Farnese Herakles

Chapter 11- Contract Verbs- ε; result clauses

I. –ε Contract Verbs: There are a number of verbs which have a stem that endings in –ε. In Attic Greek, these verbs overtime began to contract the –ε and the vowel in the ending. The contractions follow this pattern:

1. If the –ε contracts with a long vowel or diphthong (ω, ει, ου) then the –ε simply disappears, and the accent will always move over the contracted vowel:

Ex. ποιέω–ποιῶ   ποιέεις–ποιεῖς   ποιέουσι–ποιοῦσι
Ex. καλέω–καλῶ   καλέει–καλεῖ   καλέουσι–καλοῦσι

2. If the contracts with a short vowel you have the following patterns:

$$\varepsilon + \varepsilon - \varepsilon\hat{\iota} \qquad \varepsilon + o - o\hat{\upsilon}$$

Ex. ποιέετε–ποιεῖτε   ποιέομεν–ποιοῦμεν   ἐποίεον–ἐποιοῦν
Ex. ἐκαλέες–ἐκαλεῖς   καλέομεν–καλοῦμεν   ἐκαλέε–ἐκαλεῖ

The accent is always based on the UNCONTRACTED form of the verb. If the accent lands on either syllable which is contracted, the accent goes over the contracted syllable.

Ex. καλέει – καλεῖ – He calls   ἐποίεες – ἐποίεις
     κάλεε   – κάλει – Call!   ἐποίεον – ἐποίουν
     ποιέομεν – ποιοῦμεν   ποιέετε – ποιεῖτε

Ex. ποιέω, ποιήσω, ἐποίησα – to make, do
     Imperfect   Present   Future
1-   ἐποίουν   ποιῶ   ποιήσω
2-   ἐποίεις   ποιεῖς   ποιήσεις
3-   ἐποίει   ποιεῖ   ποιήσει

1-   ἐποιοῦμεν   ποιοῦμεν   ποιήσομεν
2-   ἐποιεῖτε   ποιεῖτε   ποιήσετε
3-   ἐποίουν   ποιοῦσι(ν)   ποιήσουσι(ν)

Infinitive: ποιεῖν
Imperative (s):   ποίει
Imperative (pl):   ποιεῖτε

3. Sometimes the future tense (2ⁿᵈ principal part) will be contracted too. These contractions follow the same combinations as the present tense contractions. The 2ⁿᵈ principal part of future contract verbs will be given in the contracted form. It will be obvious since the accent will always be over the –ῶ.

Ex. μένω, μενῶ, ἔμεινα– to remain   βάλλω, βαλλῶ, ἔβαλον– to throw

	Pres.	Fut.	Pres.	Fut.
1-	μένω	μενῶ	βάλλω	βαλλῶ
2-	μένεις	μενεῖς	βάλλεις	βαλλεῖς
3-	μένει	μενεῖ	βάλλει	βαλλεῖ
1-	μένομεν	μενοῦμεν	βάλλομεν	βαλλοῦμεν
2-	μένετε	μενεῖτε	βάλλετε	βαλλεῖτε
3-	μένουσι	μενοῦσι	βάλλουσι	βαλλοῦσι

(you can now do exercises 11α & 11β)

II. Result Clauses:
    A- *What is a Result Clause?*
A "clause of result" is a consequence of what is stated in main clause; i.e.- what happened as a result of the main clause.

    -"She ran *so* fast that no one could catch her"
    -"He is *so* strong that everyone is afraid of him"
    -"He is *so* strong as to scare off all the enemies" (he's the type who would scare off all the enemies)
    -"He is *so* dumb as to stick his tongue in an electrical socket" (he didn't actually do it, but he's dumb enough to)
    -"Yo momma's *so* fat that when she went to the beach Greenpeace tried to drag her back into the water."

In Greek, two words will always appear in a result clause:
    οὕτως – "so" &
    ὥστε (notice the funny accent)- "that, so that, as to"

B- *2 Different Types of Result Clauses*:

There are two different types of result clauses: Actual Result & Natural Result. **Actual Result** describes an event that actually happened, while **Natural Result** describes something that might not have happened, but was likely to:

    He <u>does x</u> **so that** <u>y (actually) happens</u>.   **Actual Result**

    She <u>does x</u> **so that** <u>y *may* happen</u>.   **Natural Result**

In both these instances, the clause would be introduced by "ὥστε" and would be anticipated by a word such as "οὕτως" (so).

The difference in Greek is that:
    *in a clause of **Actual** result the stuff after the "ὥστε" would have a conjugated verb
    *in a clause of **Natural** result the verb after the "ὥστε" would be an infinitive
    *Both clauses will be introduced by οὕτως

Examples:
    <u>οὕτως</u> ἰσχυρός ἐστιν <u>ὥστε</u> φεύγομεν
    He is so strong that we flee (from him)

    <u>οὕτως</u> ἀργός ἐστιν <u>ὥστε</u> ἐν τῷ ἀγρῷ καθεύδειν
    he is so lazy as to sleep in the field (all day) -- (maybe he isn't actually doing it, but that's the kind of lazy bum he is)

(you can now finish the exercise in chapter 11)

Vocabulary

<u>Verbs</u>:
βάλλω, βαλλῶ, ἔβαλον – to throw, hit, strike, shoot
καλέω, καλῶ, ἐκάλεσα – to call
μένω, μενῶ, ἔμεινα – to stay, remain
ποιέω, ποιήσω, ἐποίησα – to make, do
φιλέω, φιλήσω, ἐφίλησα – to love, like
φοβέω, φοβήσω, ἐφόβησα – to frighten, terrify

<u>Prepositions</u>:
διά + **gen**.- through, by means of, during
μετά + **gen**.- with, among, between

<u>Adverbs</u>:
οὕτω(ς) - so (the –ς is used when the next word begins with a vowel)
ὥστε – that, so that, as to

Vocabulary Notes & Derivatives

βάλλω – ballistics, diabolic, hyperbole, parabola, symbol, embolism
διά – dialogue, diabetics, diacritical, diagnose, diagnostic, diagonal, diagram, dialect, dialysis, diarrhea, diaspora, diatribe
καλέω – ecclesiastical
μετά – metabolism, metaphor
μένω – remain (via Latin cognate, manere)
ποιέω – poet, poem, poetry, poetic, onomatopoeia
φιλέω – anything with "-phile"- philosophy, philology, Anglophile
φοβέω – anything with "-phobia"- arachnophobia, agoraphobia, claustrophobia

Exercise 11 α: Translate (to do these, you will need to consult the vocabulary in the chapter)

1- ποιεῖ
2- μένει
3- μενοῦσιν
4- φιλεῖτε (x2)
5- ἐφίλουν (x2)
6- βαλοῦμεν
7- καλεῖ (x2)
8- ἐκάλεις
9- κάλει
10- βαλλεῖτε
11- ἐποίει
12- ποιοῦσι
13- μὴ φίλει
14- μενοῦμεν
15- βάλλει
16- φίλει
17- καλοῦσι (x2)
18- μένετε (x2)
19- φοβεῖς
20- ἐκάλουν (x2)

"Narcissus Poeticus"

Exercise 11 β: Translate into Greek

1- I was loving
2- You will throw
3- We do
4- Throw! (s)
5- She will remain
6- We throw
7- They were terrifying
8- We will call
9- Love! (s)
10- Y'all will remain
11- He was remaining
12- She is loving
13- He will throw
14- We were terrifying
15- You are doing
16- He was throwing
17- They were throwing
18- Don't terrify! (s)
19- I was calling
20- Y'all were doing

Exercise 11 γ: Label the following sentences as Actual Result or Natural Result, and tell whether it would use a conjugated verb or an infinitive.

1- He always runs so fast that the enemy cannot catch him.

2- She was so afraid that she hurriedly left the building.

3- She was brave enough as to have no fear.

4- He saw such good friends that he asked them to stay for dinner.

5- She is always so worried that she doesn't travel.

6- They went so far that they missed what they were looking for.

7- He guarded the gate so well that the enemy did not enter.

8- They always study so much that they never get below an A+.

9- I ate so many donuts that I threw up.

10- We studied so hard that our heads exploded.

Exercise 11 δ: Translate

1- ὁ ἄνθρωπος ἐστὶν οὕτως ἀνδρεῖος ὥστε πολλοὺς φοβεῖ.

2- ὁ ἐχθρός ἐστιν οὕτω κακὸς ὥστε τὰς πάσας κόρας κατακόπτειν.

3- ἡ κόρη ἐστὶν ἀγαθὴ οὕτως ὥστε τὸ ζῷον οὐ βλάπτειν.

4- οἱ θεοί εἰσιν οὕτω δεινοὶ ὥστε πρὸς τὰ αὐτῶν ἱερὰ τὰ δῶρα λαμβάνομεν.

5- ὁ ἐχθρός ἐστιν οὕτω μέγας ὥστε φεύγομεν.

6- ὁ ἄνθρωπός ἐστι κακὸς οὕτως ὥστε τοὺς θεοὺς φοβεῖν.

7- ἡ κόρη ἐστὶν εὔδοξος οὕτως ὥστε πολλοὶ αὐτὴν βλέπειν ἐθέλουσιν.

8- ὁ ἐχθρὸς οὕτως ἐστὶν ἰσχυρὸς ὥστε μαχαίρᾳ συ οὐ βλάπτειν.

9- οἱ ἀδελφοί εἰσιν οὕτω κακοὶ ὥστε οἱ θεοὶ αὐτοὺς οὐ φιλεῖν.

10- οἱ ἐχθροί εἰσι πολλοὶ οὕτως ὥστε ἐν τῷ πεδίῳ οὐ μενοῦμεν.

Exercise 11 ε: Translate

1- ὁ γε ἰσχυρὸς ἄνθρωπος πολλὰς μαχαίρας ἐποίει, καὶ ὁ αὐτοῦ ἀδελφὸς αὐτὰς πέμψει πρὸς ἀγαθοὺς ἐν τῇ μῑκρᾷ νήσῳ.

2- διὰ δὲ τοῦ μεγάλου πεδίου μετὰ τῶν ἡμετέρων φίλων ἀνδρείως ἐβαίνομεν, ἀλλὰ ἐπεὶ τοὺς κακοὺς ἐχθροὺς ἐβλέπομεν, ἀπὸ τοῦ πεδίου ἐφεύγομεν.

3- αἱ δὴ κόραι ἐν τῷ ἄντρῳ ἔμενον καὶ ἐν τῷ οἴκῳ ἔμενες, ἀλλὰ πρὸς τῇ ἀγορᾷ μενοῦμεν μετὰ τῶν ἡμετέρων ἀδελφῶν.

4- οἱ δὲ ἐμοὶ φίλοι εἰσὶν οὕτως ἰσχυροὶ ὥστε πολλοὶ αὐτοὺς κόπτειν οὐκ ἐθέλειν· ἀλλὰ πολλοὶ μεγάλως ἐμὲ φοβοῦσι καὶ ἐγὼ οὖν ἀπὸ τῆς ἀγορᾶς ἐπὶ τὸν ἐμὸν οἶκον φεύγειν ἔμελλον.

5- πόθεν ἔβαινες; μετά γε τοῦ ἐμοῦ ἀδελφοῦ τὰ ζῷα ἐπὶ τὸ μέγα ἱερὸν τῶν ἀθανάτων θεῶν ἦγον.

6- ἐγὼ μὲν τὰς κόρας ἔπεμπον κατὰ τὸ πεδίον ἐπὶ τὸν σὸν φίλον ἐν τῇ ἀγορᾷ, αὐτὸς δὲ λείψει αὐτὰς ἐν τῇ ἀγορᾷ καὶ μενεῖ ἐν τῷ αὐτοῦ οἴκῳ.

7- ἡμεῖς τὰ καλὰ ζῷα ἐθύομεν πρὸ τοῦ ἱεροῦ, καὶ πολλὰ ζῷα μαχαίραις μετὰ τῶν ἀγαθῶν ἀνθρώπων κατακόψομεν.

8- ἐγώ γε διὰ τῆς ἀγορᾶς ἔβαινον ἐπεὶ ὁ ἐμὸς φίλος με ηὕρισκεν· ἔπειτα ταῖς καλαῖς κόραις πολλὰ δῶρα ἐποιοῦμεν καὶ αὐτὰ ἐπὶ τὰς κόρᾱς πέμψομεν.

9- τίς ἐστιν οὕτως ἀνδρεῖος ὥστε ἐμὲ μεγάλως φοβεῖν; πρὸς με βαῖνε καὶ μαχαίρᾳ σὲ κατακόψω.

10- θύειν δὴ τὰ ζῷα τοῖς ἀθανάτοις θεοῖς πρὸ τοῦ μεγάλου ἱεροῦ φιλεῖτε· οὐδὲ ἐγὼ ἐν ἐμῷ οἴκῳ μενῶ ἐπεὶ τὰ καλὰ ζῷα κατακόψετε.

Exercise 11 ζ: Translate into Greek

1- Do y'all love to make swords for the evil enemies?

2- You were shooting the animals, but I will call the animals into my plain.

3- The enemy is so fearsome that we are likely to flee from them.

4- Walk with us to the agora; we will find beautiful gifts for the gods.

5- Don't greatly frighten the girls, bad man; they will harm you.

ΝΑΡΚΙΣΣΟΣ ΚΑΙ ΗΧΩ

ποτὲ νέος διὰ τῆς ὕλης ἔβαινε· ὁ γε νέος, ὁ Νάρκισσος, ἐστι οὕτω τε ἀνδρεῖος καὶ καλὸς ὥστε αἱ πᾶσαι κόραι αὐτὸν ἐφίλουν· ἀλλὰ ὁ Νάρκισσος οὐ πολλὰς κόρας ἐφίλει. ποτὲ ὁ νέος ἐν τῇ ὕλῃ ἐθήρευε καὶ καλὴ νύμφη, ὀνόματι ἡ Ἠχώ, αὐτὸν ηὕρισκεν· εὐθὺς δὲ ἡ νύμφη ἐφίλει τὸν Νάρκισσον. ἡ μὲν Ἠχὼ τῷ νέῳ ἐκάλει· "ὦ Νάρκισσε" ἔλεγε "πρὸς ἐμὲ βαῖνε· ἆρα με φιλήσεις; ἡ καλὴ θεά εἰμι· με φίλει καί γε ἐν τῇ ὕλῃ μετά μου μενεῖς." ἀλλὰ ὁ δὲ νέος τὴν νύμφην οὐκ ἐφίλει, καὶ ἡ γε Ἠχώ ἐστι οὕτως ἄθυμος ὥστε ἠπόρρει· τάχα δὲ οὐδὲν τῆς νύμφης ἔμενε πλὴν τῆς καλῆς φωνῆς ἐν τῇ ὕλῃ. ἡ δὲ θεὰ Ἥρα ἔβλεπε τὴν καλὴν νύμφην καὶ οὕτως ἐστὶ ἄθυμος ὥστε τὸν Νάρκισσον μεγάλως φοβεῖν καὶ κολάζειν ἤθελε· ἡ οὖν ἀθάνατος θεὰ τὸν νέον ἐκάλει καὶ ἔλεγε· "ὦ Νάρκισσε, πονήσεις τῆς νύμφης ἔνεκα· φιλήσεις, ὦ νέε, ἀλλὰ μόνον σεαυτὸν φιλήσεις."

ὁ δὲ Νάρκισσος τῆς δεινῆς θεᾶς οὐκ ἤκουε· ὁ μὲν γὰρ νέος τόξῳ θηρεύειν ἐφίλει, οὔτε δὲ τὰς κόρας οὔτε τὰς νύμφας οὐκ ἐφίλει. ποτὲ διὰ τῆς ὕλης ἔβαινεν ὁ Νάρκισσος· ἡ δὲ ἡμέρα ἐστὶ οὕτω θερμὴ ὥστε ὁ νέος πίνειν ἐθέλειν· ὁ οὖν Νάρκισσος πρὸς τὴν μῑκρὰν λίμνην ἔβαινε ἐν τῇ ὕλῃ· ἐπεὶ δὲ ὁ νέος ἐκ τῆς λίμνης ἔπινε, ἐν τῷ ὕδατι τὸ ἑαυτοῦ εἴδωλον ἔβλεπε, καὶ εὐθὺς ὁ Νάρκισσος ἑαυτὸν ἐφίλει. "τίνα βλέπω;" ἔλεγε· "τίς ἐστι οὕτω καλὸς ὥστε αὐτὸν φιλῶ; τί μοι οὐ λέγεις; τί με οὐ φιλεῖς; ὦ καλέ, σε καλῶ." ἀλλὰ τὸ εἴδωλον τῷ νέῳ οὐκ ἔλεγε· πολλὰς ἡμέρας δὲ πρὸς τῇ λίμνῃ ἔμενε, τε βλέπειν καὶ μετὰ τοῦ εἰδώλου ἑαυτοῦ λέγειν ἤθελε. τέλος οἱ θεοὶ ἠλέουν τὸν νέον καὶ ἔλεγον· "ὁ Νάρκισσος ἑαυτὸν φιλήσει καὶ ἀεὶ πρὸς τῇ μῑκρᾷ λίμνῃ μενεῖ· τὴν αὐτοῦ λύπην παύσομεν." οἱ δὲ θεοὶ εὐθὺς τὸν νέον εἰς τὸ ἄνθος μετέβαλλον. πρὸς νῦν τῇ μῑκρᾷ λύμνῃ ἐν τῇ ὕλῃ ἐστι μῑκρὸν ἄνθος ὀνόματι νάρκισσος.

ποτέ— once, one day
νέος, ου, ὁ— young man
ὕλη, ης, ἡ— woods, forest
θηρεύω, θηρεύσω— to hunt
εὐθύς—immediately, at once
εἰμι—I am
ἄθυμος, ον— sad
ἀπορρέω, ήσω— to fade away
τάχα— (adv)- soon
οὐδέν— nothing
φωνή, ῆς, ἡ— voice
πλήν + gen- except
κολάζω— to punish
πονέω, πονήσω— to suffer
μόνον— (adv)- only
ἀκούω— to hear, listen to + genitive

τόξον, ου, τό— bow
ἡμέρα, ας, ἡ— day
θερμός, ή, όν— hot
πίνω— to drink
λίμνη, ης, ἡ— lake
ὕδωρ, ὕδατος, τό— water
εἴδωλον, ου, τό— image, phantom
πολλὰς ἡμέρας— for many days
τέλος— (adv)- finally
ἐλεέω, ήσω— to pity
ἀεί— always, forever
λύπη, ης, ἡ— pain, suffering
παύω, παύσω— to stop
ἄνθος, ἄνθεος, τό— flower
μεταβάλλω— to change, transform

Statue of a young girl, reflected in the water.
Dion, Greece

Chapter 12 - Contract Verbs –α; Indirect Statement

I. <u>α–Contract Verbs</u>: In addition to ε–contract verbs, there is another common set of contract verbs whose stem ends in an –α. These work in a similar manner to the ε–contract verbs, except they have a different set of contractions. Here is the pattern for its three contractions:

> 1. α + ο, ου, or ω = ω
> 2. α + ε = ᾱ
> 3. α + ει = ᾳ

*There is one exception: in the infinitive, the α + ειν becomes –ᾶν.
*Like ε–contract verbs, the accent is based on the uncontracted form.

Ex.   νικάω, νικήσω, ἐνίκησα – to win, conquer

	Imperfect	Present	Future
1-	ἐνίκων	νικῶ	νικήσω
2-	ἐνίκᾱς	νικᾷς	νικήσεις
3-	ἐνίκᾱ	νικᾷ	νικήσει
1-	ἐνικῶμεν	νικῶμεν	νικήσομεν
2-	ἐνικᾶτε	νικᾶτε	νικήσετε
3-	ἐνίκων	νικῶσι(ν)	νικήσουσι(ν)

Infinitive: νικᾶν
Imperative (s):   νίκᾱ
Imperative (pl):   νικᾶτε

(you can now do exercises 12α, β & γ)

II. <u>Indirect Statement</u>: Verbs of saying or hearing can often introduce an indirect statement. Instead of directly quoting another sentence, it incorporates it in a more complex sentence:

Examples:	Direct statement-	He is coming to dinner
	Indirect statement-	He says that he is coming to dinner
	Direct statement-	The man is calling me
	Indirect statement-	I hear that the man is calling me
	Direct statement-	I am running
	Indirect statement-	We see that he is running

In Greek, the word "that" in an indirect statement is "ὅτι" or "ὡς." All the rest of the grammar in the sentence will be the same as in the direct statement.

Direct Statement- πρὸς τὴν ἀγορὰν βαίνει
She is walking towards the agora

Indirect Statement- ἡ κόρη λέγει ὅτι πρὸς τὴν ἀγορὰν βαίνει
The girl says that she is walking towards the agora

Direct Statement- ὁ ἄνθρωπος τοῖς φίλοις λέγει
The man is talking to the friends

Indirect Statement- ἀκούομεν ὅτι ὁ ἄνθρωπος τοῖς φίλοις λέγει
We hear that the man is talking to the friends

Direct Statement- οἱ ἐχθροὶ τοὺς φίλους βλάπτουσι
The enemies are harming the friends

Indirect Statement- ἐμῷ ἀδελφῷ ἔλεγον ὡς οἱ ἐχθροὶ τοὺς φίλους βλάπτουσι
I was saying to my brother that the enemies were harming the friends

*There is no difference between using "is "ὅτι" or "ὡς."
*The indirect statement retains the tense of the direct statement, but may be translated in line with the verb of saying or hearing.
*There are two other ways of doing indirect statement in Greek (including using the infinitive just like in Latin), but for the purpose of this book, we will be limited to this.

(You can now do exercises 12 δ, ε & ζ)

Vocabulary

Verbs:

ἀκούω, ἀκούσομαι, ἤκουσα— to hear, listen to [+ acc. of thing hear *or* gen. of person heard]

ἀπατάω, ἀπατήσω, ἠπάτησα— to trick, deceive

βιάω, βιήσω, ἐβίησα— to force, compel

νικάω, νικήσω, ἐνίκησα— to win, conquer

τελευτάω, τελευτήσω, ἐτελεύτησα— to finish; die

τιμάω, τιμήσω, ἐτίμησα— to honor

Vocabulary Notes & Derivatives

ἀκούω— acoustic *[note- if you hear a thing (a noise, a voice, etc) this verb takes an accusative direct object; if you hear a person, that person will be in the genitive case:* ἀκούω πολλὰ — I hear many things
ἀκούω τῆς κόρης — I hear the girl

ἀπατάω— apatetic (camouflaged), apatasaurus (the deceptive dinosaur)

νικάω— Nike

τελευτάω— teleology (the study of the purpose of natural phenomena)
(τελός means "far away" – Hence telephone, telescope, telephase, etc.)

τιμάω— timocracy (rule by the most honored member of a state)

Atalanta- The Louvre

Exercise 12 α: Translate (consult the vocabulary from this chapter)

1- νικῶσι
2- τελευτήσει
3- ἐβίων (x2)
4- ἀπατᾷς
5- ἐτιμῶμεν
6- ἀπατήσετε
7- τιμᾷς
8- ἠπατᾶτε
9- νικήσουσιν
10- τελεύτᾱ
11- νικᾶτε (x2)
12- ἀπατᾷ
13- βιήσομεν
14- ἐνίκων (x2)
15- τελευτᾶν
16- ἐτίμᾱ
17- τιμήσεις
18- ἐνίκᾱς
19- ἐβιᾶτε
20- τιμῶμεν

Exercise 12 β: Translate (consult the vocabulary from this chapter)

1- I was dying
2- We are deceiving
3- Honor! (s)
4- He is finishing
5- Y'all honor
6- We will die
7- We used to conquer
8- You are conquering
9- Y'all will honor
10- You were forcing
11- They are deceiving
12- She was conquering
13- You will compel
14- He is forcing
15- She will finish
16- To die
17- I will conquer
18- They were deceiving
19- We are compelling
20- Y'all were dying

Exercise 12 γ: Translate

1- βιῶμεν
2- ἐκαλεῖτε
3- ἐνικᾶτε
4- τελευτήσετε
5- φίλει
6- βαλλεῖ
7- ἐτίμᾱς
8- ἀπατῶμεν
9- ποιοῦσιν
10- φοβεῖτε

11- We will deceive
12- He is calling
13- We were making
14- Conquer! (s)
15- She was forcing
16- You were dying
17- I was loving
18- You are deceiving
19- We are terrifying
20- Y'all conquer

Exercise 12 δ: Translate

1- ἀκούομεν ὅτι οἱ ἄνθρωποι πρὸς τὸν οἶκον τὰ ζῷα ἄγουσιν.

2- ταῖς κόραις ἔλεγον ὅτι οἱ ἐχθροὶ ἐν τῷ πεδίῳ μένουσιν.

3- λέγετε ὡς ὁ ἄνθρωπος τοὺς ἵππους ἔλειπε ἐν τῷ πεδίῳ.

4- ἐγράφομεν τῷ φίλῳ ὅτι ὁ θεὸς τοὺς ἀγαθοὺς ἀνθρώπους εὑρίσκει.

5- μοι ἔλεγες ὡς ὁ ἀδελφὸς φεύγειν ἀπὸ τοῦ οἴκου μέλλει.

6- ἤκουον ὅτι ἐκ τοῦ πεδίου με καλεῖς.

7- ὑμῖν ἔλεγεν ὅτι τοὺς ὑμετέρους ἵππους ἀπὸ τῆς ἀγορᾶς πέμψει.

8- ἀκούουσιν ὡς τὰ πολλὰ ζῷα πρὸ τοῦ ἱεροῦ μαχαίρᾳ ἐθύομεν.

9- He was saying that the enemy was terrifying the girls in the house.

10- I hear that the man in the agora was making gifts for the gods.

11- They see that we are terrifying the girls in the agora.

12- You were saying that the girls were harming the animals.

Exercise 12 ε: Translate

1- οὔτε δὲ τὰς κόρᾱς ἀπατῶμεν οὔτε αὐτὰς νικῶμεν· ἡμεῖς γὰρ κελεύομεν πάντας ἐν τῇ ἡμετέρᾳ γῇ τὰς κόρᾱς τιμᾶν.

2- ἤκουον γε ὅτι αἱ καλαὶ κόραι ἐν τῷ ἱερῷ τελευτήσουσι· οὐδὲ οὖν ἐγὼ τὰς κόρᾱς εἰς τὸ μέγα ἱερὸν ἄγειν ἐθέλω.

3- ἔλεγον ὅτι καί γε οἱ κακοὶ ἄνθρωποι τοὺς δεινοὺς θεοὺς τιμῶσιν οὐδὲ τοὺς ἐχθροὺς κατακόψουσι πρὸ τοῦ καλοῦ ἱεροῦ.

4- τὰ μὲν πολλὰ ζῷα μαχαίρᾳ θύσουσιν, ἡμεῖς δὲ τοὺς πάντας θεοὺς μεγάλως τιμήσομεν μετὰ ἡμετέρων φίλων περὶ τὴς ἀγοράν.

5- κατὰ δὴ τὴν ὁδὸν διὰ τοῦ μῑκροῦ πεδίου ἐβαίνομεν οὐδὲ πρὸ τοῦ σοῦ οἴκου οὔτε τοὺς ἵππους οὔτε τὰ ζῷα βλάψομεν.

6- τά γε ζῷα ἐστι οὕτω δεινὰ ὥστε ἡμᾶς ἀπὸ τοῦ πεδίου ἐπὶ τὴν ἀγορὰν φεύγειν βιῶσιν.

7- ἆρα τοὺς ἐχθροὺς ἐνίκᾱς; αὐτούς γε οὐ ἐνικῶμεν, ἡμᾶς γάρ τε ἠπάτων καὶ πολλοὺς ἡμῶν κατέκοπτον.

8- οὔτε τελευτᾶν ἐθέλω οὔτε ἀγαθοὺς ἀνθρώπους κατακόψω, ἐγώ τε οὖν τὴν ἐμὴν μάχαιραν καὶ τὸ ὅπλον ἐν τῷ πεδίῳ ἔλειπον καὶ πρὸς τὸν ἐμὸν οἶκον ἔφευγον.

9- ἡ μῑκρὰ κόρη καλῶς ἔλεγεν ὅτι οἱ αὐτῆς ἀγαθοὶ ἀδελφοὶ τελευτῶσι καὶ αὐτοὺς ἐν τῷ εὐδόξῳ ἱερῷ τῶν ἀθανάτων θεῶν ἀνδρείως τιμᾷ.

10- τὰ καλὰ δῶρα τοῖς θεοῖς ἐποιοῦμεν καὶ ἐθύομεν πρὸ τοῦ ἱεροῦ οὐδὲ οἱ δεινοὶ θεοὶ ἡμᾶς φοβοῦσι· ἡμεῖς γὰρ οὔτε ἀνθρώπους ἀπατῶμεν οὔτε τὰ ζῷα βλάπτομεν.

Exercise 12 ζ: Translate into Greek

1- Were you saving your brother? We were about to save him, but he was dying in the plain.

2- My friend was calling me, but I was deceiving him and was remaining in my house.

3- You hear that the enemies are coming into the agora, and you do not flee.

4- The strong enemies were conquering the men on the small island.

5- We do not walk through the field, for the large animals will harm us.

ἈΤΑΛΑΝΤΗ

ποτέ ἐστι ἡ καλὴ κόρη ὀνόματι Ἀταλάντη· ἡ δὲ κόρη αὐτή τε ἀνδρείᾱ καὶ ἰσχυρὰ καὶ ταχεῖᾱ· ἡ μὲν κόρη ἐστὶ ἄνασσα, αὐτῆς δὲ πατὴρ τὸν υἱὸν ἔχειν ἤθελε καὶ τὴν νήπιον Ἀταλάντην ἔλειπεν ἐν τῷ πεδίῳ· ἀλλὰ ἡ κόρη οὐκ ἐτελεύτᾱ καὶ πολλῷ ὕστερον Ἀταλάντη τὸν πάτρα ηὕρισκε, καὶ ἐπεὶ ὁ πατὴρ τὴν καλὴν κόρην ἔβλεπε, αὐτὴν ἐφίλει.

πολλοί γε ἀγαθοὶ πολλὰ ἔγραφον περὶ τὴν ἀνδρείᾱν κόρην· ἐπεί γε Ἰάσων τὸ χρυσοῦν κώδιον λαμβάνειν ἤθελε, Ἀταλάντη δὲ μετὰ τῶν Ἀργοναυτῶν ἀνδρείως εἰς τὴν Κολχίδα ἔπλει· ἐπεὶ δὲ ὁ Ζεὺς τὸν μέγαν κάπρον ἔπεμπεν εἰς τὴν Καλυδῶνα, ἡ δὲ Ἀταλάντη μετὰ τῶν ἀνθρώπων τὸν κάπρον ἐθήρευε· ἐπεὶ ἔβαινον διὰ τῆς ὕλης καὶ αὐτοὶ τὸ ζῷον ἔβλεπον, ὁ μὲν κάπρος μεγάλως τοὺς ἀνθρώπους ἐφόβει· ἡ δὲ Ἀταλάντη ἔλεγεν ὅτι τὸν κάπρον κατακόψει· "τί τὸ ζῷον φοβεῖ ὑμᾶς, ὦ ἀνδρεῖοι ἄνθρωποι; μὴ φεύγετε ἀπὸ τῆς ὕλης· ἐγὼ τὸν κάπρον βλάψω." ἡ δὲ κόρη τὸ μέγα ζῷον οἰστοῖς ἔβαλλε καὶ ἀνδρείως τὸν κάπρον κατέκοπτε. ὁ δὲ ἄνθρωπος, ὁ Μελέαγρος ὀνόματι, τῇ Ἀταλάντῃ παρεῖχε τὴν δορὰν τοῦ κάπρου· ἀλλὰ ἄλλοι ἄνθρωποι ἤκουον ὅτι ἡ κόρη τὴν δορὰν ἔχει καὶ ὁ αὐτοὶ ἄνθρωποι εἰσι χαλεποί· οὐδὲ αὐτοὶ τὴν κόρην τιμᾶν ἤθελον. ἀλλὰ ὁ Μελέαγρος τὴν Ἀταλάντην ἐφίλει καὶ ἐν τῇ αὐτῇ ὕλῃ τοὺς ἀνθρώπους κατέκοπτε· ἡ νῦν κόρη τὴν δορὰν εἶχε, ἀλλὰ τῷ Μελεάγρῳ οὐκ ἐνύμφευε, ὁ γὰρ Μελέαγρος τάχα ἐτελεύτᾱ ἐν τῇ ὕλῃ.

οὐδὲ ἡ Ἀταλάντη νυμφεύειν τοῦ Μελεάγρου ἕνεκα ἤθελεν, ἀλλὰ αὐτῆς πατὴρ αὐτὴν νυμφεύειν ἐβίᾱ· ἡ οὖν κόρη ἔλεγεν ὡς νυμφεύσει τῷ ἀνθρώπῳ ὃς ἐν τῷ δρόμῳ αὐτὴν νικήσει· πολλοὶ δὴ τῆς κόρης ἤκουον, καὶ πολλοὶ ἀγαθοὶ ἐν τοῖς δρόμοις ἔτρεχον, ἀλλὰ ἡ κόρη ἐστὶν οὕτω ταχεῖα ὥστε τοὺς πάντας ἀνθρώπους νικᾷ. ἐπεὶ ἡ Ἀταλάντη τοὺς ἀνθρώπους αὐτοὺς ἐνίκα, κακῶς αὐτοὺς κατέκοπτε. ἡ δὲ θεὰ Ἀφροδίτη τοὺς δρόμους ἔβλεπε, καὶ ἔλεγε ὅτι ἡ Ἀταλάντη ἑαυτὴν οὐ νικᾷ· ἡ οὖν θεὰ <u>ὠφελεῖν</u> ἤθελε τοὺς ἀνθρώπους· ἡ δὲ Ἀφροδίτη ἀνθρώπῳ, Ἱππόμενες ὀνόματι, τρία χρυσᾶ μῆλα παρεῖχε, καὶ τοῖς μήλις τὴν Ἀταλάντην ἀπατήσει. ἐπεὶ τοῦ δρόμου ἄρχουσι, ὁ Ἱππόμενες τὰ μῆλα βάλλει καὶ τὴν Ἀταλάντην <u>διώκειν</u> βίᾳ· ὅ τε οὖν τὴν κόρην ἀπατᾷ καὶ τὸν δρόμον νικᾷ. <u>τέλος</u> δὲ ἡ Ἀταλάντη τῷ ἀνθρώπῳ νυμφεύει καὶ νῦν <u>ἀεὶ</u> τὴν θεὰν Ἀφροδίτην τιμῶσιν.

ταχύς, ταχεῖα, ταχύ— fast, quick
ἄνασσα, ης, ἡ— princess
υἱός, οῦ, ὁ— son
νήπιος, ου, ὁ/ἡ— infant
πολλῷ ὕστερον— much later
Ἰάσων— Jason
χρυσοῦς, ῆ, οῦν— golden
κώδιον, ου, τό— fleece
Κολχίς, ίδος, ἡ— Colchis
πλέω— to sail
κάπρος, ου, ὁ— boar
Καλυδών, ῶνος, ὁ— Calydon
θηρεύω— to hunt

οἰστός, οῦ, ὁ— arrow
δορά, ᾶς, ἡ— hide, skin
ἄλλος, η, ο— other
χαλεπός, ή, ον— angry
νυμφεύω— to marry (+ dative)
τάχα— soon
ὅς— who (relative pronoun)
δρόμος, ου, ὁ— foot race
τρέχω— to run
ὠφελέω— to help
διώκω— to chase, pursue
τέλος— finally
ἀεί— always

Chapter 13 - The Middle Voice

I. <u>The Middle Voice</u>: The middle voice of the verb is a unique feature of the Greek language, and something you may not be used to in other languages. Most languages have an active voice and a passive voice, but the middle voice lies somewhere in between the two. It show either *action that the subject does to himself*, or an *action the subject does for his own advantage*. Look at the following examples:

Active:	The man saves the girl	ὁ ἄνθρωπος τὴν κόρην <u>σῴζει</u>
Passive:	The girl is saved by the man	
Middle:	The man saves himself	ὁ ἄνθρωπος <u>σῴζεται</u>

*The middle voice verb in the last sentence implies that the man is the direct object of the verb- it is in fact *reflexive* in this example.

Active:	The girl sacrifices the animal	ἡ κόρη τὸ ζῷον θύει
Middle:	The girl sacrifices the animal (for her own advantage)	ἡ κόρη τὸ ζῷον θύεται

*The only difference here between the two verb forms is that the middle voice implies that the girl gains an advantage by doing the action (i.e.- the girl gains the favor of the gods by doing the action, so doing the verb benefits her)

οἱ ἐχθροὶ **φεύγονται** – The enemies flee
    (for their own advantage)

ὁ ἄνθρωπος τὴν μαχαίραν **λαμβάνεται** He takes the sword
    (for his own advantage)

τὸ δῶρον **πέμπεται** – He sends the gift
    (for his own advantage)

τοὺς ἵππους **σῴζονται** – They save the horses
    (for their own advantage)

ὁ ἀδελφὸς **λύεται** – The brother frees himself

*Often times, there is no way of knowing whether a verb in English would be Active or Middle voice in Greek- it all depends on the author's choice: does the author want to show that the verb simply happened, or that it happened for the subject's advantage.

There is a third, but less common use of the middle voice known as the *causative* use. Here the subject causes the action to happen to the direct object, even if it doesn't do it directly.

    ὁ πατὴρ τὴν κόρην λύεται.
    The father causes the girl to be freed; the father ransoms the girl.

    ὁ πατὴρ τὴν κόρην παιδεύεται.
    The father causes the girl to be educated. (i.e.- the father sends the girl to school to be taught)

(you can now do exercise 13α)

Gorgon, from a temple pediment, Corfu Archeological Museum

II. <u>Forms of the Middle Voice</u>: The Present and Future have the same endings for the middle voice- the present uses the 1st principal part as a stem, while the future uses the 2nd principal part:

	Singular		Plural
1-	ομαι	1-	όμεθα
2-	ει	2-	εσθε
3-	εται	3-	ονται

Infinitive: εσθαι
Imperative (s): ου   Imperative (pl): εσθε

(you can now do exercise 13β)

The imperfect has its own set of endings. Like the active, it uses the 1st principal part as its stem, and has the past augment –ἐ at the beginning:

	Singular		Plural
1-	όμην	1-	όμεθα
2-	ου	2-	εσθε
3-	ετο	3-	οντο

Therefore, the full verb conjugation looks like this:

θύω, θύσω, ἔθυσα – *to sacrifice*

	Imperfect	Present	Future
1-	ἐθυόμην	θύομαι	θύσομαι
2-	ἐθύου	θύει	θύσει
3-	ἐθύετο	θύεται	θύσεται
1-	ἐθυόμεθα	θυόμεθα	θυσόμεθα
2-	ἐθύεσθε	θύεσθε	θύσεσθε
3-	ἐθύοντο	θύονται	θύσονται

Infinitive: θύεσθαι
Imperative (s): θύου
Imperative (pl): θύεσθε

(you can now do exercise 13γ & δ)

Contracted verbs follow the same contraction combinations as the active:

φιλέω, φιλήσω, ἐφίλησα – to love

	Imperfect	Present	Future
1-	ἐφιλούμην	φιλοῦμαι	φιλήσομαι
2-	ἐφιλοῦ	φιλεῖ	φιλήσει
3-	ἐφιλεῖτο	φιλεῖται	φιλήσεται
1-	ἐφιλούμεθα	φιλούμεθα	φιλησόμεθα
2-	ἐφιλεῖσθε	φιλεῖσθε	φιλήσεσθε
3-	ἐφιλοῦντο	φιλοῦνται	φιλήσονται

Infinitive: φιλεῖσθαι
Imperative (s): φιλοῦ
Imperative (pl): φιλεῖσθε

νικάω, νικήσω, ἐνίκησα – to conquer

	Imperfect	Present	Future
1-	ἐνικώμην	νικῶμαι	νικήσομαι
2-	ἐνικῶ	νικᾷ	νικήσει
3-	ἐνικᾶτο	νικᾶται	νικήσεται
1-	ἐνικώμεθα	νικώμεθα	νικησόμεθα
2-	ἐνικᾶσθε	νικᾶσθε	νικήσεσθε
3-	ἐνικῶντο	νικῶνται	νικήσονται

Infinitive: νικᾶσθαι
Imperative (s): νικῶ
Imperative (pl): νικᾶσθε

(you can now do exercises 13e & ζ)

III. <u>Deponent Verbs</u>: Certain verbs in Greek are deponent, meaning it only has middle forms, not active ones. It will be obvious when looking at the principal parts which verbs are deponent, since the principal part will end in –ομαι instead of –ω.

*Some verbs you have already seen have deponent futures- *in this case, the future tense only is deponent*- the present and imperfect are regular.

*Being deponent has no impact on the translation of the verb.

Examples:

	DEPONENT		FUTURE-ONLY DEPONENT	
	ἕπομαι, ἕψομαι – to follow		φεύγω, φεύξομαι – to flee	
	<u>Present</u>	<u>Future</u>	<u>Present</u>	<u>Future</u>
1-	ἕπομαι	ἕψομαι	φεύγω	φεύξομαι
2-	ἕπει	ἕψει	φεύγεις	φεύξει
3-	ἕπεται	ἕψεται	φεύγει	φεύξεται
1-	ἑπόμεθα	ἑψόμεθα	φεύγομεν	φευξόμεθα
2-	ἕπεσθε	ἕψεσθε	φεύγετε	φεύξεσθε
3-	ἕπονται	ἕψονται	φεύγουσιν	φεύξονται

Infinitive:	ἕπεσθαι	φεύγειν
Imperative (s):	ἕπου	φεῦγε
Imperative (pl):	ἕπεσθε	φεύγετε

These new verbs are deponent:
    γίγνομαι, γενήσομαι, ἐγενόμην – to be, become
    ἕπομαι, ἕψομαι, ἑσπόμην – to follow
    ἱκνέομαι, ἵξομαι, ἱκόμην – to come
    μάχομαι, μαχοῦμαι, ἐμαχεσάμην – to fight

These verbs you have already learned have deponent futures:
    ἀκούω, ἀκού<u>σομαι</u>, ἤκουσα – to hear, listen to
    βαίνω, βή<u>σομαι</u>, ἔβην – to walk, step
    λαμβάνω, λή<u>ψομαι</u>, ἔλαβον – to take
    φεύγω, φεύξ<u>ομαι</u>, ἔφυγον – to flee

(you can now finish the exercises in chapter 13)

Canova's Perseus, Vatican, Museum

Vocabulary

<u>Verbs</u>:
γίγνομαι, γενήσομαι, ἐγενόμην— to be, become
ἕπομαι, ἕψομαι, ἑσπόμην— to follow (+dative)
ἱκνέομαι, ἵξομαι, ἱκόμην— to come
μάχομαι, μαχοῦμαι, ἐμαχεσάμην— to fight (+dative)

<u>Nouns</u>:
δῆμος, ου, ὁ— the people, population
λίθος, ου, ὁ— stone, rock
τέκνον, ου, τό— child
χρόνος, ου, ὁ— time
χρυσός, οῦ, ὁ— gold

<u>Adjective</u>:
μεσός, ή, όν— middle (of)

<u>Preposition</u>:
ὑπό + **dative**- under, subject to

Vocabulary Notes & Derivatives

<u>γίγνομαι</u>— genesis, gene, genetics, congenital [this verb usually takes a predicate nominative

<u>δῆμος</u>— democracy, demagogue, demographic, demotic, epidemic, pandemic [this noun can mean either the 'common people' or the citizen body as a whole.]

<u>λίθος</u>—lithium, megalith, monolith, Neolithic

<u>μάχομαι</u>— andromachy, gigantomachy, theomachy, naumachy

<u>μεσός</u>— Mesolithic, Mesozoic, Mesoamerica, Mesopotamia, mesothelioma [this adjective can mean "the middle" or "the middle of." It does not require a genitive- τὸ μεσὸν πεδίον- *the middle of the plain*.]

<u>ὑπό</u>— anything "hypo"- hyphen, hypochondriac, hypocrite, hypodermic, hypothermia, hypothesis, hypothetical

<u>χρόνος</u>— anachronism, chronic, chronicle, chronograph, chronological, dendrochronology, geosynchronous, synchronize

<u>χρυσός</u>— Chrysanthemum, chryselephantine

The Greek World at the Time of Herodotus

Exercise 13α: Look at the following sentences in English. Tell whether they would be Active, Passive or Middle voice in Greek. (Note: some sentences can be either active or middle)

1- The children watch television.

2- The girl is called by her mother.

3- The teacher teaches the students.

4- The father caused his son to be taught.

5- The man washes his car.

6- The man washes himself.

7- The shopkeeper sells groceries.

8- The groceries are sold by the shopkeeper.

9- The mother sends a letter to her son.

10- The hungry boy bought food for himself.

11- The money is collected by the children.

12- The vain man loves himself.

13- The strong man causes the enemies to flee.

14- The man robs a bank.

15- The angry people killed the tyrannical king.

Exercise 13 β: Translate in the middle voice (present & future, non-contract)

1- κατακόψεσθε	11- μέλλεσθαι
2- πεμπόμεθα	12- βάλλεσθε
3- ἄγονται	13- You flee
4- κελεύει	14- We sacrifice
5- θύομαι	15- He will write
6- λείπεται	16- They harm
7- λαμβάνονται	17- We will speak
8- φεύξεται	18- Y'all walk
9- σῴζου	19- Kill! (s)
10- ἐχόμεθα	20- She finds

Exercise 13 γ: Translate in the middle voice (imperfect, non-contract)

1- ἐγράφου	11- ἐκελευόμεθα
2- ηὑρίσκετο	12- ἐλυόμην
3- ἐλαμβανόμεθα	13- He was looking at himself
4- εἴχοντο	14- They were sending
5- ἐλέγετο	15- I was about to
6- ἐπέμπεσθε	16- Y'all were throwing
7- ἠγόμην	17- You used to sacrifice
8- ἐθύοντο	18- We were writing
9- ἐλείπεσθε	19- She was saving
10- ἐβάλλετο	20- They were fleeing

Exercise 13 δ: Translate in the middle voice (all, non-contract)

1- φεύγονται
2- κατακοπτόμεθα
3- βαίνου
4- ἐσῴζοντο
5- γράψει
6- εὑρήσκεται
7- ἐλειπόμην
8- ἐπεμπόμεθα
9- ἔχεσθε
10- ἐβάλλετο
11- λέξομαι
12- ἐβλέπου
13- They are about to
14- You were freeing
15- She used to sacrifice
16- We will lead
17- I will save
18- Y'all were writing
19- He speaks
20- To order

Herodotus

Exercise 13 ε: Translate in the middle voice (contract)

1- τιμᾶται
2- ἐποιοῦντο
3- νικῶμαι
4- τελευτῶνται
5- ἐβιᾶσθε
6- ποιεῖ
7- καλεῖσθαι
8- ἐτιμῶ
9- ἀπατώμεθα
10- ἐφοβεῖσθε
11- ἐτελευτώμην
12- φιλούμεθα
13- Y'all were doing
14- I was terrifying
15- Love yourself! (s)
16- She was deceiving
17- He calls himself
18- We were conquering
19- I was calling
20- I am compelling

Perseus and Athena holding the head of Medusa

Exercise 13 ζ: Translate in the middle voice (all)

1- νικῶνται

2- ἐποιούμεθα

3- φοβεῖται

4- ἠπατῶ

5- ἐβλαπτόμην

6- φιλεῖ

7- ἐτελευτώμην

8- ἀκουόμεθα

9- ἐκαλοῦντο

10- τιμᾷ

11- ἐβιᾶτο

12- καλοῦ

13- I will remain

14- We were killing

15- She is calling herself

16- You leave behind

17- Y'all were loving

18- We were honoring

19- Y'all conquer

20- They speak

Exercise 13 η: Translate

1- πολλοὶ δὲ τὴν Μεδεύσαν ἔβλεπον, ἀλλὰ λίθοι ἐγίγνοντο· ἡ γὰρ Μέδευσά ἐστι ἐν τῷ μεσῷ ἄντρῳ καὶ τὸν παντὰ δῆμον τῶν Ἀθηνῶν ἐφοβεῖτο.

2- τά τέ γε τέκνα καὶ οἱ ἄνθρωποι γίγνονται λίθοι· τῆς φοβίας τῆς Μεδεύσης ἕνεκα πολλοὶ μὲν ἐκ τῶν οἴκων φεύξονται καὶ ὑπὸ τῇ γῇ μενοῦσι· πολλοὶ δὲ τοῖς ἀθανάτοις θεοῖς δῶρα τοῦ χρυσοῦ παρέχεσθαι μέλλουσιν.

3- "τίς γε ἡμᾶς σώσει;" ὁ δῆμος ἔλεγε· οὔτε γε πολλοὶ ἱκνοῦνται ἐπὶ τὰς Ἀθήνας οὔτε μάχονται μαχαίραις μετὰ τῆς Μεδεύσης.

4- ὁ νῦν ἄνθρωπος διὰ τῶν πεδίων ἱκνεῖται· ὁ δὲ ἄνθρωπός ἐστι ὁ Περσεὺς καὶ εἰς τὸν μεσὸν ἄντρον βήσεται καὶ τὴν Μεδεύσαν κατακόψει.

5- ὁ μὲν δῆμος τῷ ἀνθρώπῳ ἐπὶ τὸ μέγα ἄντρον ἕπονται, ὁ δὲ Περσεὺς εἰς τὸν μεσὸν ἄντρον ἔβαινε· τήν τε Μεδεύσαν λίθοις ἔβαλλε καὶ αὐτὴν μαχαίρᾳ ἔβλαπτε.

6- οὐδὲ γάρ γε ὁ Περσεὺς τὴν φοβίαν ἔχει οὔτε τῆς Μεδεύσης οὔτε τῶν θεῶν· ἀνδρείως δὲ μαχεῖται μετά τε τῶν ἀνθρώπων καὶ τῶν ζῴων· οὕτως ἐστὶ ἀνδρεῖος ὥστε ἀπό αὐτοῦ πολλοὶ φεύγονται.

7- ἐπεὶ Περσεὺς ἐκ τοῦ μεσοῦ ἄντρου ἔβαινε, ἤκουε τοῦ δήμου· καὶ δὲ ὁ δῆμος αὐτὸν ἐκάλει καὶ ἔλεγε ὅτι αὐτὸς τὴν Μεδεύσαν κατεκόπτετο.

8- ὅ τε δῆμος καὶ ὁ Περσεὺς βήσονται πρὸς τὸ τῶν θεῶν ἱερὸν καὶ τοῖς θεοῖς θύσονται· αὐτοὶ τὸ μέγα δῶρον τοῦ χρυσοῦ λήψονται τοῖς θεοῖς.

9- ὁ δὲ δῆμος ἔλεγε ὅτι ὅ γε Περσεὺς τε πολλὰν ἀρετὴν καὶ τύχην ἔχει· τῆς γε ἀρετῆς αὐτοῦ ἕνεκα ὁ δῆμος μεγάλως αὐτὸν τιμῶσιν.

10- καὶ μὲν ἡ Μέδευσα ἐτελεύτα, ἀλλὰ δὲ αὐτὴ τὸ τέκνον ἔχει· ἐκ γὰρ τῆς Μεδεύσης ἵππος γίγνεται, ὀνόματι ὁ Πήγασος· καὶ περὶ τῷ αὐτῷ ἵππῳ γραψόμεθα.

Exercise 13 θ: Translate into Greek
1- We have much time, but now we will walk to our house.

2- The great gift of the gods will remain under the ground, near the temple on the small island.

3- Don't follow the enemies! They will hit you with stones.

4- Y'all were fighting with the enemies, and we will honor y'all.

5- The good man becomes a brave man, and the evil men do not become good men.

Herodotus on Indian Gold- 3.102, 104-5 (adapted)

3.102- ἄλλοι δὲ τῶν Ἰνδῶν πρὸς Κασπατύρῳ πρὸς ἄρκτου τε καὶ βορέω ἀνέμου κατοικοῦσι τῶν ἄλλων Ἰνδῶν· τοῖς δὲ βακτρίοις παραπλησίαν ἔχουσι δίαιταν. αὐτοὶ καὶ μαχιμώτατοί εἰσιν Ἰνδῶν καὶ οἱ ἐπὶ τὸν χρυσὸν στέλλονται. ἐρημία γάρ ἐστι διὰ τῆς ψάμμου. ἐν δὴ τῇ ἐρημίᾳ αὐτῇ καὶ τῇ ψάμμῳ γίγνονται οἱ μύρμηκες μεγάλοι, κυνῶν μὲν ἐλάττονες, ἀλωπέκων δὲ μείζονες· ὁ γὰρ βασιλεὺς τῶν Περσῶν ἐνίους αὐτῶν ἔχει. οἱ οὖν μύρμηκες ποιοῦνται οἴκους ὑπὸ τῇ γῇ καὶ ἀναφεροῦσι τὴν ψάμμον ἀπὸ τῆς γῆς· ἡ δὲ ψάμμος ἐστὶ μεστὴ χρυσοῦ. ἐπὶ δὲ τὴν ψάμμον στέλλονται εἰς τὴν ἐρημίαν οἱ Ἰνδοί· ἕκαστος λαμβάνεται καμήλους τρεῖς, ἑκατέρωθεν μὲν τοὺς ἔρσενα καμήλους, τὴν δὲ θήλεαν ἐν μέσῳ· ἐπὶ τὴν αὐτὴν καμῆλαν δὲ ὁ αὐτὸς ἀναβαίνει ἣ ἀρτίως τέκνον εἶχεν.

104- οἱ δὲ Ἰνδοὶ τοὺς καμήλους ἐλαύνουσι καὶ ἐπὶ τὸν χρυσὸν στέλλονται ἐπεὶ τὸ καῦμα τοῦ ἡλίου ἐστὶ μέγα· τοῦ γὰρ καύματος ἕνεκα οἱ μύρμηκές εἰσι ὑπὸ τῇ γῇ.

105- ἐπεὶ δὲ ἔρχονται εἰς τὸν χῶρον οἱ Ἰνδοί, ἔχουσι θυλάκια· αὐτὰ πληροῦσι μετὰ ψάμμου ταχέως καὶ ἀπὸ τοῦ χώρου φεύγουσι· αὐτίκα γὰρ οἱ μύρμηκες αὐτῶν ὀσφραίνονται καὶ διώκουσι. οἱ δὲ μύρμηκές εἰσιν οὕτω ταχεῖς ὥστε εἰ μὴ προλαμβάνονται ἐν τῇ ὁδῷ οἱ Ἰνδοὶ ἐν ᾧ οἱ μύρμηκες συλλέγονται, οὐδεὶς αὐτῶν σῴζονται. τοὺς μὲν νῦν ἔρσενας καμήλους λύονται, καὶ δὲ οἱ αὐτοὶ κάμηλοι ἐφέλκουσι· ἡ δὲ γὰρ θῆλυς κάμηλος τρέχει ταχέως ὅτι ἡ θῆλυς περὶ τῷ τέκνῳ αὐτῆς νομίζει. οὕτω τε οἱ Ἰνδοὶ σῴζονται καὶ οἱ μύρμηκες τοὺς ἔρσενας καμήλους κατακόπτουσι.

Ἰνδοί, ῶν, οἱ – the Indians
Κασπάτυρος, ου, ὁ – (city) Caspatryus
πρὸς ἄρκτου... ἀμένου – "from the bear & north wind" = north of
κατοικέω – to dwell
βάκτριοι, ων, οἱ – the Bactrians
παραπλήσιος, η, ον – similar to (+dat)
δίαιτα, ης, ἡ – a way of life
μαχιμώτατος, η, ον – most warlike
στέλλω – to set out
ἐρημία, ας, ἡ – desert
ψάμμος, ου, ἡ – sand
μύρμηξ, μύρμηκος, ὁ – ant
κυών, κυνός, ὁ – dog
ἐλάττων + gen. – smaller than...
ἀλώπηξ, ἀλώπεκος, ὁ – fox
μείζων, ον + gen. – larger than...
ἔνιοι, αι, α – some, a few
ἀναφερέω – to bring/carry up
μεστός, ή, όν +gen. – full of
ἕκαστος, η, ον – each, each one
κάμηλος, ου, ὁ/ἡ – camel
ἑκατέρωθεν – on each side
ἔρσην – male (adj)
θῆλυς – female (adj)

ἀναβαίνω – to mount, get on
ἥ – who (rel. pronoun- what is feminine for it to agree with?)
ἀρτίως – recently
ἐλαύνω – to drive
καῦμα, καύματος, τό – heat
ἔρχομαι – to go
χώρα, ας, ἡ – land, place, region
θυλάκιον, ου, ὁ – sack, bag
πληρόω – to fill
ταχέως – quickly
αὐτίκα – immediately, at once
ὀσφραίνομαι + gen. – to smell
διώκω – to follow
ταχύς, ταχεῖα, ταχύ – quick
εἰ μή – unless
προλαμβάνω – to get a head start
ἐν ᾧ – while
συλλέγω – collect, gather
οὐδείς – no one, none
ἐφέλκω – to lag behind
τρέχω – to run
ὅτι – since
νομίζω – to think
οὕτω – thus

SOME FAMOUS LAST WORDS:

Socrates:

ὦ Κρίτων τῷ Ἀσκληπιῷ ὀφείλομεν ἀλεκτρυόνα· ἀλλὰ ἀπόδοτε καὶ μὴ ἀμελήσητε.

Κρίων – Crito, his friend
Ἀσκληπιός, οῦ, ὁ – Asclepius, the god of healing
ὀφείλω – to owe
ἀλεκτρυών, ἀλεκτρυόνος, ὁ – a rooster
ἀπόδοτε – pay it
μὴ ἀμελήστε – don't neglect it

Julius Caesar:

καὶ σὺ τέκνον;

Archimedes:

μὴ μου τοὺς κύκλους τάραττε.

κύκλος, ου, ὁ– circle
τάραττω– to disturb

The Spartan Epitaph of Simonides (for the Battle of Thermopylae)

Ὦ ξεῖν', ἀγγέλειν Λακεδαιμονίοις ὅτι τῇδε
κείμεθα, τοῖς κείνων ῥήμασι πειθόμενοι.

ξεῖνος, ου, ὁ– stranger
ἀγγέλειν – ἄγγελε
Λακεδαιμόνιοι– the Lacedaimonians (Spartans)
τῇδε– here, in this place
κεῖμαι– to lie, lie still, rest
κεῖνος, η, ον– that, he, she
ῥῆμα, ῥήματος, τό– (here dative)- word, saying
πειθόμενοι– agreeing with the subject "we" – obeying (+dative)

Statue of Leonidas, Thermopylae Memorial

Chapter 14 - Present Participles

A participle is a verb that is used like an adjective- hence it used the verb stem, but has gender/case/number endings like an adjective, and these endings will agree with the subject of the participle. A participle can also have different tenses, but for now we will focus on the present active and present middle participles.

I. <u>The Present Active Participle</u>: In English, a present active participle usually endings in '–ing.'
Example:
    The boy, <u>running</u> to the bus, tripped and fell.
    The man, <u>watching</u> the game, jumped for joy.
    The dog <u>barking</u> loudly was disturbing many people.

In Greek, this participle is formed on the present stem (1st principal part) and has endings that are very similar to πᾶς, πᾶσα, πᾶν. Like that adjective, the Masculine and Neuter endings are 3rd declension (like πᾶς or τίς, τί) and the Feminine endings are 1st declension (like πᾶσα):

	<u>Masculine</u>	<u>Feminine</u>	<u>Neuter</u>
Nom.	φεύγων	φεύγουσα	φεῦγον
Gen.	φεύγοντος	φευγούσης	φεύγοντος
Dat.	φεύγοντι	φευγούσῃ	φεύγοντι
Acc.	φεύγοντα	φεύγουσαν	φεῦγον
Nom.	φεύγοντες	φεύγουσαι	φεύγοντα
Gen.	φευγόντων	φευγουσῶν	φευγόντων
Dat.	φεύγουσι(ν)	φευγούσαις	φεύγουσι(ν)
Acc.	φεύγοντας	φευγούσᾱς	φεύγοντα

Notes
   *Remember that the stem comes from the genitive case, not the nominative.
   *The dative plural (for all 3rd declension) has a nu-movable.
   *Remember that the ending must agree with the subject of the participle.

Examples of use:
    ἡ <u>κόρη</u> ἀπὸ τῶν ἐχθρῶν <u>φεύγουσα</u> πολλὰν φοβίαν ἔχει
      The girl, fleeing from the enemies, has much fear
    <u>τὸν ἄνθρωπον</u> ἀπὸ τῶν ἐχθρῶν <u>φεύγοντα</u> βλέπομεν
      We see the man fleeing from the enemies
    ἑπόμεθα <u>τῷ ζῴῳ</u> ἀπὸ τῶν ἐχθρῶν <u>φεύγοντι</u>
      We follow the animal fleeing from the enemies

II. <u>The Present Middle Participle</u>: Like the regular verb forms, the participle can also be used in the middle voice, and it retains all the same usages (reflexive, causative or advantage) as the regular middle voice verb. It agrees with the subject just as the active participle does, only it has a different set of endings:

	Masculine	Feminine	Neuter
Nom.	θυόμενος	θυομένη	θυόμενον
Gen.	θυομένου	θυομένης	θυομένου
Dat.	θυομένῳ	θυομένῃ	θυομένῳ
Acc.	θυόμενον	θυομένην	θυόμενον
Voc.	θυόμενε	θυομένη	θυόμενον
Nom.	θυόμενοι	θυόμεναι	θυόμενα
Gen.	θυομένων	θυομένων	θυομένων
Dat.	θυομένοις	θυομέναις	θυομένοις
Acc.	θυομένους	θυομένας	θυόμενα

Note-
　　*Note that the feminine genitive plural does not have the accent on the ultima, unlike the present active participle.

Examples of uses:
　　<u>τὸν ἄνθρωπον</u> τὰ ζῷα <u>θυόμενον</u> ἐβλέπομεν
　　　　We were watching <u>the man sacrificing</u> the animals
　　ὁ φίλος <u>τῶν θυομένων ἀνθρώπων</u>
　　　　He is the friend of <u>the sacrificing men</u>
　　<u>τὴν ἀνδρείαν κόρην θυομένην</u> ἐβλέπουσιν
　　　　They were watching <u>the brave girl sacrificing herself</u>

III. <u>Substantive Use of the Participles</u>: Like any adjective in Greek, a participle can be used substantively- there is no noun that it agrees with, but you can infer what it is describing based on its gender and number. Examples:

　　βάλλω ἀπὸ τοῦ πεδίου φευγομένους.
　　　　I shoot <u>the men fleeing</u> from the field
　　βλέπομεν τὰ ζῷα κατακόπτοντας
　　　　We see <u>the men killing</u> the animals
　　μαχόμενοι τοὺς ἐχθροὺς νικῶμεν
　　　　<u>We, fighting</u>, conquer the enemies

Alcibiades

Vocabulary

Nouns:
ἄγγελος, ου, ὁ– messenger
βίος, ου, ὁ– life
δοῦλος, ου, ὁ– slave
δόξα, ης, ἡ– glory, reputation; belief
εἰρήνη, ης, ἡ– peace
ἐκκλησία, ας, ἡ– the assembly
θάνατος, ου, ὁ– death
μάχη, ης, ἡ– battle, fight
νίκη, ης, ἡ– victory
πόλεμος, ου, ὁ– war
στρατηγός, οῦ, ὁ– general
χώρα, ας, ἡ– land, country, territory, place

A Spartan shield, captured during the Peloponnesian War, Agora Museum, Athens

Vocabulary Notes & Derivatives

ἄγγελος– angel, evangelist

βίος– antibiotic, biocapacity, biodegradable, biodiversity, biogenetics, biography, biohazard, biology, bioluminescence, bionics, biosphere, microbe, symbiotic

δοῦλος– iconodule (opposite of iconoclast), doulocracy

δόξα– paradox, orthodox, unorthodox

εἰρήνη– Irene

ἐκκλησία– ecclesiastic [*note- the 'assembly' in Athens was the governing body which included all male citizens meeting 4 times a month- in order for any law to be passed, it had to be voted on by the assembly.*]

θάνατος– euthanasia, cacothanasia [*note- if this word is capitalized (Θάνατος) it is the god of death- most natural things were personified as gods- this is not the same as Hades, the god of the underworld. Thanatos' brother was Ὕπνος– sleep.*]

μάχη– andromachy, gigantomachy, naumachy, theomachy

νίκη– Nike [*note- like θάνατος, if this word is capitalized, it represents the goddess of victory.*]

πόλεμος– polemic (an aggressive or warlike speech)

στρατηγός–strategy

χώρα– [*note- when χώρα means land, it means territory. The word γῆ means 'the ground, the land under your feet.'*]

Exercise 14 α: Translate (Active Participles)

1- ἡ κόρη γράφουσα

2- οἱ ἐχθροὶ φεύγοντες

3- πρὸς θύοντι ἀνθρώπῳ

4- ἀπὸ τοῦ καλοῦντος φίλου

5- πρὸς τὸν δῆμον τιμῶντα

6- μένουσαι ἐν τῷ οἴκῳ

7- τοῖς φιλοῦσι θεοῖς

8- τὰ τελευτῶντα ζῷα

9- τῶν κορῶν εὑρισκουσῶν

10- τοὺς βαίνοντας βλέπω

11- the watching gods

12- of the terrifying animals

13- towards the girls talking

14- the brothers saving the girl

15- away from the deceiving enemy

16- to the men leading the horses

17- to the conquering people

18- the girls remaining in the plain

19- with the frightening enemy

20- I hear the man ordering

Exercise 14 β: Translate (Middle Participles)

1- οἱ ἐχθροὶ μαχόμενοι

2- τὸν ἀδελφὸν θυόμενον

3- τῇ ἀκουομένῃ κόρῃ

4- τοὺς ἱκνουμένους ἵππους

5- εὑρισκόμενος τὸν ἥλιον

6- ἀπατώμεναι με

7- καλῶ γραφόμενον

8- τοῖς ἐχθροῖς ἑπόμενοι

9- μαχομένους κελεύομεν

10- τῶν βαλλομένων τέκνων

11- the man writing about wisdom

12- because of the fighting brothers

13- the girl following the animal

14- the child coming to the house

15- the man freeing himself

16- the girl honoring the gods

17- to the following man

18- the words about the fighting men

19- towards the leading men

20- the people compelling us

Exercise 14 γ: Translate

1- τὰς κόρας ἀπὸ τῆς ἀγορᾶς βαινούσας φιλοῦμεν.

2- ἤκουον τοῦ ζῴου ἐν τῷ πεδίῳ τελευτῶντος.

3- τοῖς ἐχθροῖς εἰς τὸ ἱερὸν φευγομένοις ἑπόμεθα.

4- ἱκνούμενοι πρὸς τὸν οἶκον γενήσονται ἡμέτεροι φίλοι.

5- οὐ μαχόμεθα μετὰ τοὺς θεοὺς τῶν τιμωμένων.

6- μένοντες ἐν τῇ νήσῳ καλοῦμεν.

7- γράφετε πολλοὺς λογοὺς περὶ φιλουμένους ἀρετὴν.

8- μαχόμενον μαχαίρᾳ νικήσεις.

9- ὁ ἐχθρὸς ἀπὸ τοῦ πεδίου φεύγων τελευτήσει.

10- φοβοῦντα τὰς κόρας ἔβαλλον λίθῳ.

11- ἑπομένους σοι εἰς τὸ ἱερὸν ἔβλεπον.

12- πολλὰ δῶρα τοῖς θεοῖς τὸν δῆμον φιλουμένοις πέμψω.

Exercise 14 δ: Translate

οἵ τε Ἀθηναῖοι καὶ οἱ Λακεδαιμόνιοι ἐν μεγάλῳ πολέμῳ δεινῶς μαχόμενοι τὴν εἰρήνην οὐκ ἔχουσι. οἱ γὰρ Ἀθηναῖοι ἐν πολλαῖς μάχαις πολλὰς χώρας νικώμενοι πολλὴν δόξαν εἶχον· ἀλλὰ οἱ οὖν Λακεδαιμόνιοι ἐπὶ τὰς Ἀθήνας πέμποντες τοὺς ἀγγέλους ἔλεγον ὅτι δοῦλοι τῶν Ἀθηναίων γίγνεσθαι οὐκ ἤθελον καὶ τὰς χώρας πάσας λύσουσιν. ὁ οὖν πόλεμος ἐγίγνετο. οἱ μὲν Λακεδαιμόνιοι πρὸς τὰς Ἀθήνας ἱκνούμενοι νικᾶν ταχέως τοὺς Ἀθηναίους ἤθελον· οἱ δέ γε Λακεδαιμόνιοι οὕτω δεινοί εἰσιν ὥστε οἱ Ἀθηναῖοι ἐν τῇ γῇ μάχεσθαι οὐκ ἐθέλουσι. οἱ δὴ Ἀθηναῖοι ἐν ταῖς Ἀθήναις μένοντες μάχεσθαι μετὰ τῶν ἀνδρείων Λακεκαιμονίων οὐκ μέλλουσιν. ὁ δὴ πᾶς δῆμος ἐν ταῖς <u>ἀθρόοις</u> Ἀθήναις μενόμενος ἐτελεύτα· οἱ δὲ Λακεδαιμόνιοι τοὺς Ἀθηναίους καλούμενοι αὐτοὺς μάχεσθαι οὐκ ἐβίων, καὶ οἱ στρατηγοὶ τῶν Λακεδαιμονίων τὴν νίκην οὐκ εἶχον. οἱ γὰρ Ἀθηναῖοι ἐν τῇ θαλάττῃ <u>ναυτικοῖς</u> μαχόμενοι τὸν δῆμον Λακεδαιμόνιον ἐφόβουν. ἐν μὲν τῷ πολέμῳ οἱ Ἀθηναῖοι τοὺς Λακεδαιμονίους ἐν τῇ μῑκρᾷ νήσῳ, τῇ Σφακτηρίᾳ, νικώμενοι τοὺς θεοὺς θυόμενοι τιμῶσιν· οἱ δέ τε Ἀθηναῖοι καὶ οἱ Λακεδαιμόνιοι τὴν εἰρήνην διὰ τοῦ μικροῦ χρόνου ἕξουσι, ἀλλὰ τὸν πόλεμον οὐ τελευτῶνται.

ἐν δὴ τῇ ἐκκλησίᾳ διὰ τῆς εἰρήνης ὁ εὔδοξος στρατηγός, Ἀλκιβιάδης ὀνόματι, καλῶς τῷ δήμῳ ἔλεγε· αὐτὸν δὲ ἐβίων ἑαυτῷ ἕπεσθαι· ὁ οὖν Ἀλκιβιάδης τοὺς Ἀθηναίους νικᾶν τὴν μεγάλην νῆσον, τὴν Σικελίαν, ἐκέλευεν. ἀλλὰ μὲν οἱ Ἀθηναῖοι ἐν τῇ Σικελίᾳ τε δόξαν καὶ νίκην οὐχ ἕξουσιν, πολὺν δὲ θάνατον μαχόμενοι ἕξουσιν. πολλοὶ μὲν τῶν Ἀθηναίων τελευτῶσιν ἐν ταῖς μεγάλαις μάχαις ἀνδρείως μαχόμενοι, πολλοὶ δέ γε ἐν τῇ νήσῳ μένοντες δοῦλοι γενήσονται. πόλεμος γε πολλοὺς βίους βλάπτει.

ὁ δὲ πόλεμος γίγνεται καὶ οἱ Λακεδαιμόνιοι νῦν μάχεσθαι ἐθέλουσιν οὔτε μαχαίραις ἐν τῇ γῇ ἀλλὰ ναυτικῷ ἐν τῇ θαλάττῃ· οἱ οὖν τε Ἀθηναῖοι καὶ οἱ Λακεδαιμόνιοι ἐν τῇ θαλάττῃ ἐν τῇ μεγάλῃ μάχῃ μάχονται· οἱ δὲ Ἀθηναῖοι τοὺς ἐχθροὺς ἐνίκων, ἀλλὰ τοὺς στρατηγοὺς οὐ λαμβανομένους τοὺς νεκροὺς τῶν Ἀθηναίων ἐν τῇ θαλάττῃ ἡ ἐκκλησία κατακόπτει· οἱ δὲ θάνατοι τῶν στρατηγῶν τοὺς Ἀθηναίους βλάψουσιν, καὶ οἱ Λακεδαιμόνιοι ἀνδρείως μαχόμενοι τὸ ναυτικὸν Ἀθηναῖον νικῶνται· τῆς νίκης ἕνεκα οἱ μεγάλως τοὺς Ἀθηναίους φοβοῦνται καὶ τὸ ναυτικὸν ἐπὶ τὰς Ἀθήνας αὐτὰς ἱκνεῖται· ὁ δὲ δῆμος φεύγειν οὐκ ἔστι δυνατὸς ἕνεκα τῶν Λακεδαιμονίων πρὸ τῶν Ἀθηνῶν μενουμένων· οὕτως οἱ Λακεδαιμόνιοι τοὺς Ἀθηναίους νικῶσι. ἀλλά γε οἱ οὔτε τοὺς βίους τῶν Ἀθηναίων ἐλάμβανον οὔτε οἱ Ἀθηναῖοι δοῦλοι ἐγίγνοντο· αἱ γὰρ Ἀθῆναι μενόμεναι οὐ γενήσονται ἡ μεγάλη χώρα καὶ πολλοί τε δόξαν καὶ χρυσὸν τῶν Ἀθηναίων οὐ βλέψονται.

The Island of Sphactria

Proper Nouns:
Λακεδαιμόνιοι, ων, οἱ—the Lacedaemonians (another name for the Spartans)
Ἀθηναῖοι, ων, οἱ— the Athenians
Ἀλκιβιάδης, ου, ὁ— Alcibiades
Σικελία, ας, ἡ— Sicily
Σφακτηρία, ας, ἡ— Sphactria

Glosses:
ἀθρόος, α, ον— crowded
ναυτικόν, οῦ, τό— fleet
νεκρός, οῦ, ὁ— corpse

Exercise 14 ε: Translate into Greek

The Athenians fighting bravely, will conquer many lands. For honoring the immortal gods greatly, they will win much glory. Indeed, the generals will become well known, leading many slaves from the lands. So because of the victories, the people of the lands will have much fear of the Athenians. Thus the Athenians, fighting bravely, will provide peace to all the lands.

The Bay of Corfu- once known as Corcyra, it was a prominent naval power instrumental in starting the Peloponnesain War

Herodotus on Arabia- Book 3, 107, 110-113 (adapted)

3.107- ἐσχάπτη δὲ Ἀραβίη χώρα τῶν οἰκουμένων χωρῶν ἐστί, ἐν δὲ αὐτῇ μούνῃ χωρῶν πασῶν ἐστι λιβανωτὸς φυόμενος καὶ σμύρνη καὶ κασία καὶ κιννάμωνον καὶ λήδανον. αὐτὰ πάντα πλὴν τῆς σμύρνης δυσπετῶς κτῶνται οἱ Ἀράβιοι. τὸν μέν γε λιβανωτὸν συλλέγουσι τὴν στύρακα θυμιῶντες· αὐτὴν θυμιῶντες λιβανωτὸν λαμβάνουσι· τὰ γὰρ δένδρα αὐτὰ τὰ λυβανωτοφόρα οἱ ὄφιες ὑπόπτεροι φυλάττουσι, πολλοὶ περὶ δένδρον ἕκαστον· οὐδεὶς δὲ ἄλλος ἀπελαύνεται ἀπὸ τῶν δένδρων φυλάττοντας ὁ τῆς στύρακος καπνός.

ἐσχάπτος, η, ον— outermost	συλλέγω— to collect
Ἀράβιος, η, ον— Arabian	στύραξ, στύρακος, ἡ— storax (a kind of resin)
χώρα, ας, ἡ— place, land	
οἰκούμενος, η, ον— inhabited	θυμιάω— to burn
μόνος, μούνη, μόνον— alone, only	λιβανωτοφόρος, ον— bearing frankincense
λιβανωτός, οῦ, ὁ— frankincense	
φύω— to grow	ὄφις, ὄφιος, ὁ— snake
σμύρνη, ης, ἡ— myrrh	ὑπόπτερος, α, ον— winged
κασία, ας, ἡ— cassia	φυλάττω— to guard
κιννάμωμον, ου, τό— cinnamon	περί + acc.- around
λάδανον, ου, τό— an aromatic gum	ἕκαστος, η, ον— each
πλήν + gen- except	οὐδεὶς δὲ ἄλλος— nothing other than…
δυσπετῶς— very difficulty	ἀπελαύνω— to drive off
κτάομαι— to get for oneself	καπνός, οῦ, ὁ— smoke

110- οἱ δὲ Ἀράβιοι τὴν κασίαν συλλέγουσι ὧδε· καταδούμενοι βύρσαις πᾶν τὸ σῶμα καὶ τὸ πρόσωπον πλὴν αὐτῶν τῶν ὀφθαλμῶν ἔρχονται ἐπὶ τὴν κασίαν. ἡ δὲ κασία ἐν λίμνῃ οὐ βαθέα φύεται, περὶ δὲ τὴν λίμνην καὶ ἐν τῇ λίμνῃ οἰκοῦσι θηρία πτερωτά· τε καὶ δείνως τρίζονται καὶ μάχονται· ἀπαμυνόμενοι τὰ θηρία ἀπὸ τῶν ὀφθαλμῶν οὕτω συλλέγουσι τὴν κασίαν.

ὧδε— in this way
καταδέω— to bind, cover
βύρσα, ης, ἡ— ox-hide
σῶμα, σώματος, τό— body
πρόσωπον, ου, τό— face
ὀφθαλμός, οῦ, ὁ— eye
ἔρχομαι—to go

λίμνη, ης, ἡ— lake
οὐ βαθέα— not deep
οἰκέω— to dwell, live in
θηρίον, ου, τό— beast, wild animal
πτερωτός, η, ον—feathered
τρίζω— to scream, screech
ἀπαμύνω— to ward off

111- τὸ δὲ κιννάμωμον ἔτι θαυμαστοτέρως συλλέγουσι· ἐν γὰρ τινὶ γῇ τὸ κιννάμωμον γίγνεται οὐκ ἔχουσιν εἰπεῖν· οἱ ὄρνιθες μεγάλοι φοροῦσι τὰ κάρφεα (τὰ κάρφεα κιννάμωμον καλοῦμεν), καὶ αὐτὰ εἰς νεοττιὰς ἀρτωμένας ἐκ πηλοῦ ἐν τοῖς ἀποκρήμνοις ὄρεσι λαμβάνουσιν· οἱ Ἀράβιοι τῶν βοῶν τε καὶ ὄνων καὶ ὑποζυγίων τὰ μέλεα διατέμνοντες, αὐτὰ πρὸς ταῖς νεοττιαῖς λείπουσι· οἱ δὲ ὄρνιθες καταπετόμενοι τὰ μέλεα τῶν ζῴων φοροῦσιν ἐπὶ τὰς νεοττιάς, αἱ δὲ νεοττιαὶ ἔχειν σταθμὸν οὐ δυνόμεναι καταρρηγνύονται ἐπὶ τῇ γῇ· ἔπειτα οἱ Ἀράβιοι τὸ κιννάμωμον συλλέγουσι.

ἔτι— yet, still
θαυμαστοτέρως— more amazingly
οὐκ ἔχουσιν εἰπεῖν—they do not know
ὄρνις, ὄρνιθος, ὁ— bird
φορέω— bear, carry
κάρφος, εος, τό— dry stick
νεοττιά, ᾶς, ἡ— nest
ἀρτάω— το hang
πηλός, οῦ, ὁ— earth
ἀπόκρημνος, ον— sheer, precipitous

ὄρος, εος, τό— mountain
βοῦς, βοός, ὁ— cow
ὄνος, ου, ὁ— donkey
ὑποζύγιον, ου, τό— beast of burden
μέλος, εος, τό— limb
διατέμνω— to cut into pieces
καταπέτομαι— to fly down
σταθμός, οῦ, ὁ— weight
δύναμαι— to be able
καταρρηγνύω— to break down

112- τὸ δὲ λάδανον ἔτι θαυμαστοτέρως γίγνεται· ἐν γὰρ δυσόσμῳ γιγνόμενον εὐωδέστατον ἐστί· τῶν γὰρ αἰγῶν ἐν τοῖς πώγωσι φύεται· λαδάνῳ οἱ Ἀράβιοι πολλὰς ὀσμὰς ποιοῦσι.

δύσοσμος, ον— ill-smelling place
εὐωδέστατος, η, ον—very fragrant
αἴξ, αἰγός, ὁ— goat

πώγων, πώγωνος, ὁ— beard
ὀσμή, ῆς, ἡ— perfume

113- δύο δὲ τὰ γένεα τῶν οἰῶν θαυμαστῶν ἐστι οὐδαμοῦ οἰκουμένων. τὸ μὲν ἕτερον γένος ἔχει τὰς οὐρὰς μακράς, τριῶν πηλέων οὐκ ἐλάττονας· οἱ δὲ οἶες, τὰς οὐρὰς ἐν τῇ γῇ ἐφελκόμενοι, τὰς οὐρὰς βλάπτουσι· νῦν δὲ οἱ πάντες ποιμένες τέχνην ἐν ξυλουργίᾳ ἔχουσι· τὰς γὰρ ἁμαξίδας ποιοῦντες ὑπὸ τῇ οὐρᾷ αὐτᾷ τοῦ οἰὸς ὑποδοῦσιν. τὸ δὲ ἕτερον γένος τῶν οἰῶν τὰς οὐρὰς ἔχουσι ἐπὶ πῆχυν πλάτος.

δύο— two
γένος, γένεος, τό— race, species
οἶς, οἰός, ὁ— sheep
θαυμαστός, ή, όν— amazing
οὐδαμοῦ— nowhere else
ἕτερος, α, ον— one of the...
οὐρά, ᾶς, ἡ— tail
πῆλυς, εος, ὁ— fore-arm

ἐλάττων, ἐλάττονος + gen.- smaller than
ἐφέλκω— to drag after
ποιμήν, ποιμένος, ὁ— shepherd
ξυλουργία, ας, ἡ— carpentry
ἁμαξίς, ἁμαξίδος, ἡ— a little wagon
ὑποδέω— to fasten under
ἐπὶ πῆχυν πλάτος— up to the width of a fore-arm

Hecatomb- the sacrifice of 100 cows on an altar

Chapter 15 - 3rd declension nouns

I. <u>Third Declension Nouns</u>: The last declension of nouns is the 3rd declension. The good news is that you already know most of the endings- they are similar to τίς, τι (gen.- τίνος), and the masc./neut. of πᾶς, πᾶσα, πᾶν. There are two points that make the 3rd declension unique:

    1- The nominative often singular does not have the same stem as the rest of the forms- Remember that the stem of the noun comes from the genitive singular- drop the ending –ος from the genitive and add the rest of the endings to that stem.

    2- In the dative plural, the ending and the stem usually contract, and the final letter of the stem might either change to a different letter or disappear altogether. Fortunately, there is a way to predict this change about 90% of the time (it is not a foolproof rule, but nouns with do not follow this guideline will be pointed out later).

    a- look at the final letter of the nominative singular. Compare this to the stem of the noun. Most of the time, the —σ of the dative plural ending will combine with the consonant at the end of the stem to become the same letter that the nominative singular ends in.

    b- if the nominative singular ends in a vowel (common in many neuter nouns), the consonant at the end of the stem will simply disappear before the —σ of the dative plural ending.

Look at some examples:

Nom.	φύλαξ	αἴξ	παῖς	κλώψ	σῶμα
Gen.	φύλακος	αἰγός	παιδός	κλωπός	σώματος
Dat.	φύλακι	αἰγί	παιδί	κλωπί	σώματι
Acc.	φύλακα	αἶγα	παῖδα	κλῶπα	σῶμα
Voc.	φύλαξ	αἴξ	παῖ	κλώψ	σῶμα
Nom.	φύλακες	αἶγες	παῖδες	κλῶπες	σώματα
Gen.	φυλάκων	αἰγῶν	παίδων	κλωπῶν	σωμάτων
Dat.	φύλαξι(ν)	αἰξί(ν)	παισί(ν)	κλωψί(ν)	σώμασι(ν)
Acc.	φύλακας	αἶγας	παῖδας	κλῶπας	σώματα

Nouns whose stem ends in the following letters follow this rule:
γ,β,δ,θ,κ,λ,π,τ,χ,φ

Note about Accents- the accent is persistent like all nouns with this exception:

if the noun is 1 syllable in the nominative, and 2 syllables in the genitive, it follows the rule we saw in 1st & 2nd declension:
Nom & Acc – accent on penult
Gen & Dat- accent on ultima

παῖς, παιδός is an exception since the genitive plural does not have the accent on the ultima (παίδων).

II. <u>Nouns whose stems end in –τρ & –δρ</u>: If you see a noun like *ἀνήρ, ἀνδρός* or *μάτηρ, ματρός*, there are two things to notice.

Nom.	ἀνήρ	μάτηρ
Gen.	ἀνδρός	ματρός
Dat.	ἀνδρί	ματρί
Acc.	ἄνδρα	ματέρα
Voc.	ἄνερ	μᾶτερ
Nom.	ἄνδρες	ματέρες
Gen.	ἀνδρῶν	ματέρων
Dat.	ἀνδράσι(ν)	ματράσι(ν)
Acc.	ἄνδρας	ματέρας

*ἀνήρ is only irregular because it has an –α before the ending in the dative plural.
*μάτηρ is different since it has two different stems, one that ends in –τρ and one that ends in –τερ. Remember it this way- they are all –τερ except:
    Genitive and Dative singular- τρ
    Dative Plural- τρα

The Panathenaia Procession through the Propylea to the Acropolis, and the Propylea today

Vocabulary

Nouns:
αἴξ, αἰγός, ὁ / ἡ – goat
ἀνήρ, ἀνδρός, ὁ – man
γράμμα, γράμματος, τό – letter, writing
ἔρως, ἔρωτος, ὁ – love
ἡμέρα, ας, ἡ – day
μάτηρ, ματρός, ἡ – mother
νύξ, νυκτός, ἡ – night
ὄνομα, ὀνόματος, τό – name
παῖς, παιδός, ὁ / ἡ – child, boy
πάτηρ, πατρός, ὁ – father
πούς, ποδός, ὁ – foot
πῦρ, πυρός, τό – fire
σῶμα, σώματος, τό – body

Vocabulary Notes and Derivatives

ἀνήρ – androgynous, android, mysandrous, philander
γράμμα – anagram, diagram, epigram, grammar, monogram, program, telegram
ἔρως – erogenous, erotic [*note- if it is capitalized, it is Eros, the god of love (Cupid)*]
ἡμέρα – ephemeral
μάτηρ – maternal, maternity, matriarch, matrimony
νύξ – nyctophilia, nycterine, nyctolopia, nyctophobia [*note- if it is capitalized, it is the goddess of the night*]
ὄνομα – onomastic, onomatopoeia, eponymous, anonomous
παῖς – pediatrician, pedagogy, pedantic, encyclopedia, pedophilia
πάτηρ – paternal, paternity, patriarch, patrimony
πούς – octopus, platypus, podiatrist, podium, tripod
πῦρ – pyre, pyroclastic, pyromania, pyrotechnics
σῶμα – chromosome, psychosomatic, somatic nervous system

Exercise 15 α: Decline the following nouns

Nom. νύξ	Nom. γράμμα
Gen. νυκτός, ἡ – night	Gen. γράμματος, τό – letter
Dat.	Dat.
Acc.	Acc.
Voc.	Voc.
Nom.	Nom.
Gen.	Gen.
Dat.	Dat.
Acc.	Acc.
Nom. πούς	Nom. πατήρ
Gen. ποδός, ὁ – foot	Gen. πατρός, ὁ – father
Dat.	Dat.
Acc.	Acc.
Voc.	Voc.
Nom.	Nom.
Gen.	Gen.
Dat.	Dat.
Acc.	Acc.
Nom. ὄνομα	Nom. αἴξ
Gen. ὀνόματος, τό – name	Gen. αἰγός, ὁ – goat
Dat.	Dat.
Acc.	Acc.
Voc.	Voc.
Nom.	Nom.
Gen.	Gen.
Dat.	Dat.
Acc.	Acc.

Horse-riders in the Panathenaiac Procession,

Parthenon Frieze,

British Museum

Exercise 15 β: Translate

1- τοῦ γράμματος

2- τὴν ματέρα

3- τοῖς παισί

4- ὦ πῦρ

5- τῶν αἰγῶν

6- τοῖς σώμασι

7- νυκτί

8- τῷ γράμματι

9- τὸν ποδόν

10- οἱ ἔρωτες

11- τὰ ὀνόματα

12- τὸν αἶγα

13- τοὺς ἄνδρας

14- τῶν ματέρων

15- τοῖς πατράσι

16- αἱ νύκτες

17- τοῦ ἔρωτος ἕνεκα

18- τοὺς παῖδας

19- ἐν τοῖς ἐμοῖς πουσί

20- ἐν τῷ σώματι

Exercise 15 γ: Translate

1- near the man
2- he writes letters
3- with the mother
4- in the nights
5- towards the goats
6- the names
7- about the children
8- because of love
9- to the father
10- on the foot
11- the goats
12- to the mother
13- of the loves
14- the bodies
15- towards the men
16- near the fire
17- of the goat
18- near the feet
19- of the mothers
20- the children

Girls carrying baskets in the Panathanaic procession.

Parthenon Frieze

British Museum, London

Exercise 15 δ: Fill in the blanks with the nouns provided then translate

1- οἱ _____ (ἀνήρ)   16- τοὺς _____ (πούς)

2- τῶν _____ (αἴξ)   17- τῆς _____ (μάτηρ)

3- τῷ _____ (γράμμα)   18- τῶν _____ (πάτηρ)

4- τὰς _____ (νύξ)   19- τοῖς _____ (πάτηρ)

5- τὰ _____ (σῶμα)   20- τῶν _____ (ἔρως)

6- τὸν _____ (ἔρως)   21- τοῖς _____ (σῶμα)

7- τὸ _____ (πῦρ)   22- τὸν _____ (ἀνήρ)

8- τοῖς _____ (παῖς)   23- τοῖς _____ (πούς)

9- ὦ _____ (αἴξ)   24- τοῦ _____ (παῖς)

10- τῇ _____ (νύξ)   25- ὦ _____ (πούς)

11- τὴν _____ (μάτηρ)   26- τὰ _____ (γράμμα)

12- τὰ _____ (ὄνομα)   27- τοῖς _____ (ἀνήρ)

13- τῶν _____ (παῖς)   28- τῷ _____ (πῦρ)

14- ταῖς _____ (μάτηρ)   29- τοῦ _____ (σῶμα)

15- τῷ _____ (πούς)   30- τοὺς _____ (αἴξ)

Exercise 15 ε: Translate the story

πολλοὶ μὲν ἐν ταῖς Ἀθήναις εἰσί, οἱ δὲ πολλοὶ ἄνδρες τοὺς οἴκους ἐν ταῖς χώραις πρὸς ταῖς Ἀθήναις ἔχουσι· αὐτοί γε εἰσι οἱ ἀγαθοὶ Ἀθηναῖοι τήν τε γῆν καὶ τοὺς αἶγας καὶ δούλους καὶ ἵππους ἐχόμενοι· αὐτοὶ δὴ τούς τε παῖδας καὶ τὰς Ἀθήνας φιλοῦντες οὔτε χρυσὸν οὔτε πόλεμον οὔτε δόξαν ἐθέλουσιν. ἀλλὰ οἱ ἄνδρες τῆς γῆς ἐν τῇ ἐκκλησίᾳ λέγοντες καὶ ἐν τοῖς πολέμοις μαχόμενοι καὶ τοῖς στρατηγοῖς ἑπόμενοι τὰς Ἀθήνας μεγάλας ποιοῦσιν. οὔτε γε θάνατος οὔτε ἐχθροὶ αὐτοὺς φοβοῦσι, καὶ οἱ ἀγαθοὶ ἄνδρες ἕνεκα τοῦ ἔρωτος τῶν Ἀθηνῶν ἐν μάχῃ μαχόμενοι τελευτήσουσι.

ὁ δὲ δῆμος τῶν Ἀθηνῶν τοὺς ἀθανάτους θεοὺς φιλοῦσι· αἱ δέ τε ματέρες καὶ οἱ πατέρες τοὺς παῖδας καὶ τὰς κόρας ἐκ τῶν πεδίων καλοῦντες διὰ τῶν ὁδῶν τοὺς αἶγας λαμβανόμενοι κατὰ τῶν χωρῶν εἰς τὴν ἀγορὰν βήσονται· ἡμέρᾳ τε καὶ νυκτὶ ὁ δέ γε πᾶς δῆμος τῶν Ἀθηνῶν δία τῆς ἀγορᾶς μετὰ τῶν τε παίδων καὶ τῶν ζώων ἑπομένων ἐπὶ τὸ ἱερὸν βήσονται ἐν τῇ <u>ἀκροπόλει</u>· ἐν τῇ <u>πομπῇ</u>, <u>Παναθήναια</u> ὀνόματι, ὁ πᾶς δῆμος ἀπὸ πολλῶν χωρῶν ἱκνούμενος τὴν θεὰν Ἀθήνην τιμῶσι πολλὰ ζῷα θυόμενος καὶ πολλὰ δῶρα παρέχοντες· οἱ δὲ πολλοὶ ἄνδρες ἐν τοῖς ἵπποις τῇ πομπῇ τῶν κορῶν ἐπὶ τὸ ἱερὸν βαινόντων μετὰ τοῦ μεγάλου δώρου ἕπονται· ἐν δὲ τῇ μέσῃ ἀκροπόλει ἡ μεγάλη πομπὴ πρὸς τὸν <u>βωμὸν</u> τῆς Ἀθήνης πρὸ τοῦ ἱεροῦ ἱκνεῖται τοὺς αἶγας καὶ τὰ ζῷα λαμβανομένη ἐπὶ τὸν βωμόν. ὁ δῆμος τὴν ἑαυτοῦ θεάν τε καλούμενος καὶ τιμώμενος τοὺς λόγους τῶν ἀγαθῶν ἀνδρῶν ἀκούουσιν· οἱ ἀγαθοὶ λέγουσιν ὅτι ἡ θεὰ τοὺς ἐχθροὺς τῶν Ἀθηνῶν νικήσει καὶ τὸν δῆμον ἑαυτὴν τιμώμενον φιλήσει· ἔπειτα τὸ ὄνομα τῆς θεᾶς καλοῦντες τούς τε αἶγας καὶ τὰ ζῷα μαχαίραις ἐν τῷ βωμῷ κατακόπτουσι· οἱ δὲ ἄνδρες ἐν τῷ πυρὶ τὰ τῶν αἰγῶν σώματα <u>ὀπτώμενοι</u> τῷ δήμῳ τὸν <u>σῖτον</u> παρέχουσι·

οὕτως γε ὁ πᾶς δῆμος ἐν τῇ ἀκροπόλει νυκτὶ μενόμενος τὸν σῖτον ἀπὸ τῶν αἰγῶν ἐσθίουσι τὴν θεὰν μεγάλως τιμώμενος· οὕτως ὁ δῆμος τῶν Ἀθηνῶν τὴν Ἀθήνην τε φιλεῖται καὶ τιμᾶται.

ἀκρόπολις, εως, ἡ— acropolis (the highest point in the city)
πομπή, ῆς, ἡ— procession
Παναθήναια, ων, τά— The Panathenaia festival

βωμός, οῦ, ὁ— altar
ὀπτάω— to cook
σῖτος, ου, ὁ— food
ἐσθίω— to eat

Exercise 15 ζ: Translate into Greek

Both the men and the children were walking to the great temple of the god. Because of their love of the god they will sacrifice a goat at night. The mother was calling the name of the god and the father will kill the goat. Then the child will take the body of the goat to the fire. They all greatly honor the undying gods.

Panathenaic Procession, British Museum

Herodotus on Persian Luxury - 9.82 (adapted)

Ξέρξης φεύγων ἐκ τῆς Ἑλλάδος Μαρδονίῳ τὴν κατασκευὴν τὴν ἑαυτοῦ ἔλειπε· Παυσανίης οὖν ὁρῶν τὴν Μαρδονίου κατασκευὴν χρυσῷ τε καὶ ἀργύρῳ καὶ παραπετάσμασι ποικίλοισι κατεσκευασμένην, καλούμενος τούς τε ἀρτοκόπους καὶ τοὺς ὀψοποιοὺς ἐκέλευεν αὐτοὺς τὸ δεῖπνον καλῶς Μαρδονίῳ παρασκευάζειν. ὡς δὲ κελευόμενος αὐτοὺς ποιεῖν αὐτά, ἐνθαῦτα Παυσανίης ἔβλεπε κλίνας τε χρυσέας καὶ ἀργυρέας καὶ τραπέζας τε χρυσέας καὶ ἀργυρέας καὶ παρασκευὴν μεγάλου τοῦ δείπνου, θαυμαζόμενος τὰ προκείμενα ἀγαθά· καὶ ἐκέλευεν ἐπὶ γέλωτι τοὺς ἑαυτοῦ δούλους παρασκευάζειν Λακεδαιμόνιον δεῖπνον. ἐπεὶ τὰ δεῖπνα οἱ ὀψοποιοὶ ἐτελεύτωσι, ἦν πολλὸν τὸ μέσον· Παυσανίης δὲ γελῶν μετέπεμπε τῶν Ἑλλήνων τοὺς στρατηγούς. Παυσανίης τοῖς συνερχομένοις στρατηγοῖς ἔφραζε τοῦ δείπνου παρασκευήν, καὶ γε ἔλεγε "ἄνδρες Ἕλληνες, τῶνδε δείπνων ἕνεκα ἐγὼ ὑμᾶς συνήγαγον, βουλόμενος ὑμῖν τοῦ Περσῶν ἡγεμόνος τὴν ἀφροσύνην φράζειν· Ξέρξης τοιήνδε δίαιταν ἔχων ἱκνεῖται ἐς ἡμᾶς οὕτως ὀϊζυρὰν δίαιταν ἔχοντας ἀπαιρησόμενος." οὕτω Παυσανίης ἐλέγεται τοῖς στρατηγοῖς τῶν Ἑλλήνων.

Ξέρξης – Xerxes (the Persian king)
Ἑλλάς, Ἑλλάδος, ἡ – Greece
Μαρδόνιος, ου, ὁ – Mardonius (the Persian general)
κατασκευή, ῆς, ἡ – furnishings
Παυσανίης, – Pausanias (the Greek general)
ὁράω – to see
ἄργυρος, ου, ὁ – silver
παραπέτασμα, ατος, τό – curtains
ποικίλος, η, ον – many colored
κατασκευάζομαι – being furnished with (+dat)
ἀρτοκόπος, ου, ὁ – baker
ὀψοποιός, οῦ, ὁ – cook
κελεύω – to order, command
δεῖπνον, ου, τό – meal, dinner
παρασκευάζω – to prepare
ὡς – where
ἐνθαῦτα – there
κλίνη, ης, ἡ – couch
χρύσεος, α, ον – golden
ἀργύρες, α, ον – silvery

τράπεζα, ης, ἡ – table
παρασκευή, ῆς, ἡ – preparation
θαυμάζω – to be amazed at
πρόκειμαι – to be set out
ἐπὶ γέλωτι – as a joke
ἦν – there was
μέσον, ου, τό – difference
γελάω – to laugh
μεταπέμπω – to send for
συνέρχομαι – to assemble, come together
φράζω – to show
τῶνδε – this
συνάγω – bring together
βούλομαι = ἐθέλω
ἡγεμών, ἡγεμόνος, ὁ – ruler
ἀθφοσύνη, ης, ἡ – foolishness
τοιήνδε διάτιαν – such a way of life
ἐς + acc. = against
οἰζρός, ά, όν – pitiable, wretched
ἀπαιρησόμενος – intending to take away from

Chapter 16 - The Aorist Tense

I. <u>Comparison of Past Tenses</u>:
   In Greek there are four different past tenses- the imperfect, aorist, perfect & pluperfect. These tenses show three different **Aspects**: *Progressive/Repeated Aspect, Simple Aspect & Completed Aspect.*

> <u>Progressive/Repeated Aspect</u>- Shows an action which happened continuously or happened over and over
> <u>Simple Aspect</u>- Shows an action which happened once and is over and done with
> <u>Completed Aspect</u>- Shows an action which happened in the past and is completed. The difference between this and the simple aspect is that the action has been completed before time of the rest of the action.

Tense	Aspect	Translation
Imperfect	Progressive/Repeated	I was sacrificing, I used to sacrifice
Aorist	Simple	I sacrificed
Perfect	Completed	I have sacrificed
Pluperfect	Completed	I had sacrificed

II. <u>The First Aorist</u>: All aorist forms are added to the 3rd principal part- If the 3rd principal part ends in –α (or sometimes –άμην if it is deponent) than it is called a 1st aorist and has the following endings. Note that the 3rd principal part always begins with the *past indicative augment*, so this does not need to be added like in the imperfect.

   θύω, θύσω, ἔθυσα – to sacrifice

	Active	Middle	Active	Middle
1-	ἔθυσα	ἐθυσάμην	–α	–άμην
2-	ἔθυσας	ἐθύσω	–ας	–ω
3-	ἔθυσε(ν)	ἐθύσατο	–ε(ν)	–ατο
1-	ἐθύσαμεν	ἐθυσάμεθα	–αμεν	–άμεθα
2-	ἐθύσατε	ἐθύσασθε	–ατε	–ασθε
3-	ἔθυσαν	ἐθύσαντο	–αν	–αντο

*The active endings are very similar to the imperfect endings, with an –α in place of the –ε. Also the 1st person singular does not have a –ν on the end.
*The middle endings are similar to the imperfect middle, with an –α in place of the –ε. The one exception is the 2nd singular, which is –ω instead of –ου.

The translations of the aorist tense reflect that fact that it shows simple aspect- the action happened once and is done with:

1- I sacrificed
2- You sacrificed
3- He/She/It sacrificed

1- We sacrificed
2- Y'all sacrificed
3- They sacrificed

III. <u>The 2nd Aorist</u>: It is not uncommon for the 3rd principal part of a verb to end in –ον (or –όμην if it is deponent). These are known as the 2nd Aorist. They are translated the same as a 1st aorist, *but use the same endings as the imperfect tense, attached to the 3rd principal part.*

φεύγω, φεύξομαι, ἔφυγον— to flee

	Active	Middle	Active	Middle
1-	ἔφυγον	ἐφυγόμην	–ον	–όμην
2-	ἔφυγες	ἐφύγου	–ες	–ου
3-	ἔφυγε(ν)	ἐφύγετο	–ε(ν)	–ετο
1-	ἐφύγομεν	ἐφυγόμεθα	–ομεν	–όμεθα
2-	ἐφύγετε	ἐφύγεσθε	–ετε	–εσθε
3-	ἔφυγον	ἐφύγοντο	–ον	–οντο

These endings are exactly the same as the imperfect- the only difference between the two tenses is the stem: **ἔφευγον** vs. **ἔφυγον**.

The following verbs you have learned have 2nd aorists:

βάλλω, βαλλῶ, ἔβαλον— to throw, hit, strike, shoot
ἔχω, ἕξω, ἔσχον— to have
λαμβάνω, λήψομαι, ἔλαβον— to take
λέγω, λέξω, ἔλεξα or εἶπον— to speak, say
λείπω, λείψω, ἔλιπον— to leave behind
παρέχω, παρέξω, παρέσχον— to provide
φεύγω, φεύξομαι, ἔφυγον— to flee

γίγνομαι, γενήσομαι, ἐγενόμην— to be, become
ἕπομαι, ἕψομαι, ἑσπόμην— to follow (+dative)
ἱκνέομαι, ἵξομαι, ἱκόμην— to come

The Corinth Canal- the original idea can be attributed to Periander

Vocabulary

Nouns:
δημοκρατία, ας, ἡ— democracy
νόμος, ου, ὁ— law, custom
πρᾶγμα, πράγματος, τό— deed, thing, affair
τυραννίς, τυραννίδος, ὁ— tyranny, royal authority
τυραννός, οῦ, ὁ— tyrant

Adjectives:
ἄλλος, ἄλλη, ἄλλο— other, another
ὅδε, ἥδε, τόδε— this/these
ὀλίγος, η, ον— a few

Verbs:
αἱρέω, αἱρήσω, εἷλον— take, capture; (mid) choose
δουλόω, δουλεύσω, ἐδούλευσα— to be a slave, be a slave to (+dat)

Vocabulary Notes & Derivatives

ἄλλος— parallel, allegory, allergy, alloloutrophilist (one who likes to drink the bath water of others) [*note that the neuter singular ending is −o instead of −ον*]
αἱρέω— heretic, heresy
δημοκρατία— democracy (literally- rule of the δῆμος)
νόμος— autonomous, Deuteronomy (the 2nd set of laws)
ὀλίγος— oligarchy
πρᾶγμα— pragmatic
τυραννός— tyrant, tyranny, tyrannicide, tyrannize, Tyrannosaurus Rex

The Pnyx, home of the Athenian δημοκρατία at sunset, with the Acropolis in the background

Exercise 16 α: Conjugate in the Aorist Tense Active & Middle Voice

1- λύω, λύσω, ἔλυσα

ACTIVE	MIDDLE
1-	1-
2-	2-
3-	3-
1-	1-
2-	2-
3-	3-

2- λαμβάνω, λήψομαι, ἔλαβον

ACTIVE	MIDDLE
1-	1-
2-	2-
3-	3-
1-	1-
2-	2-
3-	3-

3- μάχομαι, μαχοῦμαι, ἐμαχεσάμην

ACTIVE	MIDDLE
1- X	1-
2- X	2-
3- X	3-
1- X	1-
2- X	2-
3- X	3-

4- γίγνομαι, γενήσομαι, ἐγενόμην

ACTIVE	MIDDLE
1- X	1-
2- X	2-
3- X	3-
1- X	1-
2- X	2-
3- X	3-

The Temple of Olympian Zeus, as seen from the Acropolis of Athens. Originally started by Peisistratus (father of Hippias & Hipparchus), it would not be completed until the Emperor Hadrian took on the task himself.

Exercise 16 β: Translate

1- ἔλυσεν
2- ἐγενόντοντο
3- ἔβλαψας
4- ἐποίησε
5- ἐβάλομεν
6- ἐσώσατε
7- ἐπέμψω
8- ἱκόμεθα
9- ἔλιπον (x2)
10- ἠπατήσαντο
11- εἶπες
12- ἐμαχεσάμεθα
13- ἤγαγε
14- ἐνικήσατο
15- ἐκάλεσας
16- ἐφύγετε
17- ἕσπου
18- ἐγράψατε
19- ἐκέλευσαν
20- ἐφιλήσασθε

Tomb of Cyrus the Great, Pasargadae, Iran

Exercise 16 γ: Translate

1- You made
2- We conquered
3- They led
4- She called
5- We provided
6- They saved
7- I harmed
8- Y'all spoke
9- Y'all sent
10- He became
11- They fought
12- She left behind
13- They deceived
14- You came
15- They wrote
16- They threw
17- Y'all ordered
18- I followed
19- We were about to lead
20- You discovered

Exercise 16 δ: Translate (be careful of tense)

1- ἔθυσαν   11- I honored

2- ἐπέμπομεν   12- She died

3- κατεκόψατε   13- They were finding

4- ἦγον   14- Y'all are conquering

5- ἔβαλεν   15- We heard

6- ἔφευγες   16- They will write

7- φοβήσει   17- They left behind

8- ἐγενόμεθα   18- He fights

9- βλάπτεται   19- You remained

10- ἐβίησας   20- She orders

Harmodius & Aristogeiton the great tyrant slayers of Athens

Exercise 16 ε: Translate the following story

αἱ δὴ Ἀθῆναι πρῶτον ὀλιγαρχίαν ἔσχον· οἱ γὰρ ὀλίγοι ἄνδρες πολλὺν χρυσὸν ἔχοντες καὶ πόλεμον ἐθέλοντες τῆς τε πόλεος καὶ τοῦ δήμου ἦρχαν· ἀλλὰ ὁ γε δῆμος τὴν ὀλιγαρχίαν μένειν οὐκ ἐθελόμενος ἄλλους ἄχρειν ἐκάλησαν. ἔπειτα ὁ ἀνήρ, ὁ Πεισίστρατος ὀνόματι, τὸν δῆμον ἀπατώμενος ὁ τύραννος ἐγένετο καὶ τοῦ δήμου τῶν Ἀθηνῶν ἦρχεν. τόνδε δέ γε τὸν τυραννίδα τε πολλὰ ἱερὰ ποιοῦντα καὶ εἰρήνην παρέχοντα ὁ δῆμος ἐφίλησαν· ὁ μὲν δῆμος τόνδε τὸν τυραννίδα τοὺς ὀλίγους φοβούμενον μεγάλως ἐτίμησαν. ἐπεὶ δὲ ὁ Πεισίστρατος ἐτελεύτησε, δύο ἀδελφοὶ κακοί, οἱ παῖδες τοῦ Πεισιστράτου, τύραννοι ἐγένοντο· οἱ γε ἀδελφοὶ πολλὰ παράγματα κακὰ ποιούμενοι τὸν δῆμον δουλούοντα ἐφόβησαν· τε γὰρ Ἱππίας καὶ

Ἵππαρχος τούς τε ἀγαθοὺς κατέκοψαν καὶ τὰς κόρας ἠπάτησαν· ἀλλὰ δύο ἄνδρες πολλὰν φοβίαν οὐκ ἔχοντες τοὺς τυραννίδας βλάπτειν ἠθέλησαν· οἱ γὰρ δύο φίλοι, Ἁρμόδιος καὶ Ἀριστογείτων, τὸν Ἵππαρχον ἐφόβησαν τοῦ τυραννίδος ἕνεκα τῷ Ἁρμοδίῳ κακὰ ποιουμένου. Ἁρμόδιος οὖν καὶ Ἀριστογείτων ἐν τῇ ἀκροπόλει <u>ἐνήδρευσαν</u> διὰ τὴν πομπῆς Παναθηναίων· ἀλλὰ ἐπεὶ οἱ τύραννοι ἐγένοντο περὶ τοῖς φίλοις ἐνεδρεύοσι, οἱ δύο ἄνδρες ἀνδρείως μαχαίρᾳ τὸν Ἵππαρχον κατέκοψαν. οἱ μὲν οἵδε τὸν ἄλλον τύραννον, Ἱππίαν, οὐκ κατέκοψαν, καὶ ὁ κακὸς τύραννος τοὺς βίους τῶνδε τῶν φίλων οὐκ ἔσωσεν· ὁ δὲ θάνατος τοῦ ἀδελφοῦ τὸν Ἱππίαν ἀπὸ τῶν Ἀθηνῶν φεύγειν ἐβίησεν· ὁ μέν γε δῆμος τοὺς δύο φίλους μεγάλως ἐτίμησε, αἱ δὲ Ἀθῆναι τοὺς τυράννους οὐκ ἔχοντες δημοκρατίᾳ ἐγένοντο.

ἐν τῇδε δημοκρατίᾳ ὁ δῆμος τὴν πόλιν ἄρχει· οἱ δὲ πάντες ἄνδρες πρὸς τὴν πόλιν ἱκνούμενοι πρὸ τῆς ἐκκλησίας λέγουσι καὶ τοὺς πάντας νόμους ποιοῦσι· ὁ δὲ δῆμος αὐτὸς τοὺς στρατηγοὺς αἱρούμενος αὐτοῖς εἰς τὰς μάχας ἕπονται· ἐν δὲ τῇ δημοκρατίᾳ τῶν Ἀθηνῶν κακοὺς οὐκ ἐτίμησεν ὁ δῆμος, οἱ δὲ ἄνδρες τῶν Ἀθηνῶν τοῖς ἑαυτῶν νόμοις ἕσποντο· αἱ οὖν γε Ἀθῆναι μεγάλαι ἐγένετο ἕνεκα τοῦ τοῦδε τοῦ δήμου.

πρῶτον — first   ὀλιγαρχία, ας, ἡ — oligarchy   πόλεος — city (gen.)
ἐνεδρεύω, σω, ἐνήδρευσα — to lie in ambush

Exercise 16 ζ: Translate into Greek

These men wanted to make the laws and to have a democracy, but a few did not want to follow the laws of the people. They had much gold and land, and did not want to be slaves to others. But neither tyrants nor the few conquered the people of Athens. The people conquered the few and Athens became a democracy. Because of the good deeds of the people, Athens had good laws and chose to follow good men in war and in peace.

Herodotus on Periander, Tyrant of Corinth (5.92F & G, adapted)

...καὶ ὁ Περίανδρος ὁ παῖς τοῦ Κυψέλου ὁ τυραννὸς ἐγένετο. ὁ τοίνυν Περίανδρος κατ'ἀρχὰς μὲν ἠπιώτερος τοῦ πατρός, ἐπείτε δὲ πρὸς τὸν Θρασυβούλον, τὸν τυραννὸν τοῦ Μιλήτου, ἄγγελον ἔπεμψε, ἐγένετο γε δὲ κακός· πεμπόμενος γὰρ πρὸς Θρασυβούλον ἄγγελον ἐπυνθάνετο περὶ τυραννευομένοις· ὁ δὲ ἄγγελος τοῦ Περιάνδρου τῷ Θρασυβούλῳ εἰς τὸ πεδίον ἕσπετο δία τῶν ληίων βαίνων τε καὶ Θρασυβούλον ἐπερωτώμενος· καὶ Θρασυβούλος ἐκόλουε τοὺς βαθυτάτους τῶν ἀσταχύων καὶ ἔρριπτε· ὁ οὖν Θρασυβούλος πολλοὺς λόγους οὐ λέγων τὸ βαθύτατόν τε καὶ κάλλιστον μέρος τῶν ληίων ἔφθειρε· ὁ δὲ οὐδὲν λέγων τὸν ἄγγελον ἀπέπεμψε· ἀπὸ τοῦ ἀγγέλου νοστοῦντος εἰς τὴν Κόρινθον ἐπυνθάνετο ὁ Περίανδρος· ὁ δὲ ἄγγελος εἶπεν ὅτι Θρασυβούλος οὐδὲν βουλῆς παρέχει· καί γε περὶ τοῖς πράγμασι τοῦ Θρασυβούλου λέγων ὁ ἄγγελος εἶπεν ὅτι Θρασυβούλος ἐστὶν ἄφρων τὰ ἑαυτῶν λήια φθειρόμενος· Περίανδρος δέ γε ἔμαθε τὰ πράγματα τοῦ Θρασυβούλου· ὁ γὰρ Θρασυβούλος συνέβουλε τοὺς πάντες ὑπερόχους ἐν ἑαυτοῦ χώραις κατακόπτειν· ὁ οὖν Περίανδρος πολλὰ κακὰ ποιεῖν ἦρχε.

Περίανδρος, ου, ὁ— Periander, tyrant of Corinth
Κύψελος, ου, ὁ— Cypselus
τοίνυν— therefore
κατ'ἀρχὰς— from the beginning
ἠπιώτερος, α, ον— kinder that (+gen)
ἐπείτε— after
Θρασυβούλος, ου, ὁ— Thrasybulus
Μίλητος, ου, ἡ— Miletus
πυνθάνομαι, πεύσομαι, ἐπυθόμην— to learn by inquiry, ask
τυραννεύω + gen= to rule as a tyrant
λήιον, ου, τό— crop
ἐπερωτάω, ήσω— to question
κολούω, κολούσω, ἐκόλουσα— to cut short
βαθύτατος, η, ον— tallest

ἄσταχυς, ἀστάχυος, ὁ— ear of corn
ῥίπτω, ῥίψω, ἔρριψα— to throw away
κάλιστός, ή, όν— most beautiful
μέρος, εος, τό— part, portion
φθείρω, φθερῶ, ἔφθειρα— to ruin, destroy
οὐδείς, οὐδεῖα, οὐδέν— nothing
νοστέω, νοστήσω— to return
Κόρινθος, ου, ἡ— Corinth
βουλή, ῆς, ἡ— advice
ἄφρων, ον— crazy, insane
μανθάνω, μαθήσομαι, ἔμαθον— to understand
συμβουλεύω, σω— to advise
ὑπέροχος, η, ον— eminent, distinguished

Herodotus- Final Paragraph of the Histories (9.122, adapted)

ὁ δὲ Ἀρτεμβάρης ἐπὶ τὸν βασίλεα τῶν Πέρσων ἱκνούμενος τῷ Κύρῳ λόγους τοὺς τούσδε εἶπε· "ἐπεὶ Ζεὺς τοῖς Πέρσῃσι καὶ σοί, ὦ Κῦρε, τὴν ἡγεμονίαν ἀνδρῶν παρέσχε, λάμβανε γῆν ἀπὸ ἄλλου δήμου· χώρας γὰρ ὀλίγας καὶ τρηχέας ἔχομεν. εἰσὶ δὲ πολλαὶ μὲν χῶραι ἀστυγείτονες, πολλαὶ δὲ καὶ ἑκαστέρω καὶ πλείονες καὶ θαυμαστότεραι· αἱ δὲ χῶραι οἴκους τοῖς ἀνδράσιν ἄρχουσι ποιήσουσι· ἡμεῖς γάρ γε πολλῶν τῶν ἀνθρώπων ἄρχομεν τε καὶ πάντα τῆς Ἀσίης." Κῦρος δὲ τούσδε λόγους ἀκούων καὶ οὐ θαυμάζων τοὺς λόγους εἶπε· "ποίει αὐτά· παρασκεύαζε δὲ οὐκέτι ἄρχειν ἀλλὰ δουλεύειν· ἐκ γὰρ τῶν μαλακῶν χωρῶν μαλακοὶ γίγνονται· οὐ γὰρ ἡ αὐτὴ γῆ καρπόν τε θαυμαστὸν φύει καὶ ἄνδρας ἀγαθοὺς ἐν πολέμῳ." οὕτως οἱ Πέρσαι συγγιγνώσκοντες οὐ ἔλαβον τοὺς λόγους τοῦ Ἀρτεμβάρου· οἱ γὰρ ἄρχειν τε εἵλοντο γῆς λυπρᾶς οἰκοῦντες μᾶλλον ἢ πεδιάδα γῆν σπείροντες ἄλλοισι δουλεύειν.

Ἀρτεμβάρης, ου, ὁ— Artembares (a Persian)
βασίλευς, εος, ὁ— king
Κῦρος, ου, ὁ— Cyrus (Persian Emperor)
ἐπεί— since
ἡγεμονία, ας, ἡ— lordship
τραχύς, εῖα, ύ— rugged, rough
ἀστυγείτων, ον— neighboring
ἑκαστέρω— (indeclinable) farther off
πλείων, ον— larger
θαυμαστότερος, α, ον— more wondrous
Ἀσία, ης, ἡ— Asia

θαυμάζω— to admire, be amazed at
παρασκευάζω— to prepare
οὐκέτι— no longer
μαλακός, ή, όν— soft
καπρόν, οῦ, τό— fruit
φύω, φύσω, ἔφυσα— to grow, produce
φυγγιγνώσκω— to agree
λυπρός, ά, όν— wretched, miserable
οἰκέω— to occupy, inhabit
μᾶλλον ἤ— rather than
πεδιάς, πεδιάδος (adj)- flat
σπείρω— to farm, cultivate

The Acropolis of Corinth, with the temple of Apollo in the foreground

Appendix

Contents:

1st Declension Nouns	158
1st Declension Masculine Nouns	158
2nd Declension Nouns	159
3rd Declension Nouns	159
The Article	160
1st & 2nd Declension Adjectives	160
3rd Declension Adjectives	161
αὐτός, μέγα, πολλύς	162
πᾶς	163
Verbs- Active	163
Verbs- Middle	164
Verbs- 2nd Aorist Active & Middle	164
Verbs- Infinitives	165
Verbs- Imperatives	165
Verbs- epsilon contracts	166
Verbs- alpha contracts	167
Verbs- Participles	168-170
εἰμί & εἶμι	171
Personal Pronouns	172
Reflexive Pronouns	172
Relative Pronouns	172
Demonstrative Pronouns	173
οὐδείς & μηδείς	174
Time Expressions	174

Nouns:

1st Declension:

	Regular –η	Regular –α	ε, ι, ρ –η	ε, ι, ρ –α
Nom.	ἀρετή	θάλαττα	ἀγορά	ἡμέρα
Gen.	ἀρετῆς	θαλάττης	ἀγορᾶς	ἡμέρας
Dat.	ἀρετῇ	θαλάττῃ	ἀγορᾷ	ἡμέρᾳ
Acc.	ἀρετήν	θάλατταν	ἀγοράν	ἡμέραν
Voc.	ἀρετή	θάλαττα	ἀγορά	ἡμέρα
Nom.	ἀρεταί	θάλατται	ἀγοραί	ἡμέραι
Gen.	ἀρετῶν	θαλαττῶν	ἀγορῶν	ἡμερῶν
Dat.	ἀρεταῖς	θαλάτταις	ἀγοραῖς	ἡμέραις
Acc.	ἀρετάς	θαλάττας	ἀγοράς	ἡμέρας

1st Declension Masculine Nouns:

	Regular	ε, ι, ρ
Nom.	πολίτης	νεανίας
Gen.	πολίτου	νεανίου
Dat.	πολίτῃ	νεανίᾳ
Acc.	πολίτην	νεανίαν
Voc.	πολῖτα	νεανία
Nom.	πολῖται	νεανίαι
Gen.	πολιτῶν	νεανιῶν
Dat.	πολίταις	νεανίαις
Acc.	πολίτας	νεανίας

> 1st Declension nouns always accent the ultima in the genitive plural

2nd Declension Nouns:

	Masculine / Feminine		Neuter
Nom.	ἄγγελος	ὁδός	δῶρον
Gen.	ἀγγέλου	ὁδοῦ	δώρου
Dat.	ἀγγέλῳ	ὁδῷ	δώρῳ
Acc.	ἄγγελον	ὁδόν	δῶρον
Voc.	ἄγγελε	ὁδέ	δῶρον
Nom.	ἄγγελοι	ὁδοί	δῶρα
Gen.	ἀγγέλων	ὁδῶν	δώρων
Dat.	ἀγγέλοις	ὁδοῖς	δώροις
Acc.	ἀγγέλους	ὁδούς	δῶρα

3rd Declension Nouns:

Nom.	φύλαξ	αἴξ	παῖς	κλώψ	σῶμα
Gen.	φύλακος	αἰγός	παιδός	κλωπός	σώματος
Dat.	φύλακι	αἰγί	παιδί	κλωπί	σώματι
Acc.	φύλακα	αἶγα	παῖδα	κλῶπα	σῶμα
Voc.	φύλαξ	αἴξ	παῖ	κλώψ	σῶμα
Nom.	φύλακες	αἶγες	παῖδες	κλῶπες	σώματα
Gen.	φυλάκων	αἰγῶν	παιδῶν	κλωπῶν	σωμάτων
Dat.	φύλαξι(ν)	αἰξί(ν)	παισί(ν)	κλωψί(ν)	σώμασι(ν)
Acc.	φύλακας	αἶγας	παῖδας	κλῶπας	σώματα

Nom.	ἀνήρ	μήτηρ
Gen.	ἀνδρός	μητρός
Dat.	ἀνδρί	μητρί
Acc.	ἄνδρα	μητέρα
Voc.	ἄνερ	μῆτερ
Nom.	ἄνδρες	μητέρες
Gen.	ἀνδρῶν	μητέρων
Dat.	ἀνδράσι(ν)	μητράσι(ν)
Acc.	ἄνδρας	μητέρας

The Article:

	Masc.	Fem.	Neut.
Nom.	ὁ	ἡ	τό
Gen.	τοῦ	τῆς	τοῦ
Dat.	τῷ	τῇ	τῷ
Acc.	τόν	τήν	τό
Nom.	οἱ	αἱ	τά
Gen.	τῶν	τῶν	τῶν
Dat.	τοῖς	ταῖς	τοῖς
Acc.	τούς	τάς	τά

1st & 2nd Declension Adjectives:

	Masc.	Fem.	Neut.
Nom.	ὀλίγος	ὀλίγη	ὀλίγον
Gen.	ὀλίγου	ὀλίγης	ὀλίγου
Dat.	ὀλίγῳ	ὀλίγῃ	ὀλίγῳ
Acc.	ὀλίγον	ὀλίγην	ὀλίγον
Voc.	ὀλίγε	ὀλίγη	ὀλίγον
Nom.	ὀλίγοι	ὀλίγαι	ὀλίγα
Gen.	ὀλίγων	ὀλίγων	ὀλίγων
Dat.	ὀλίγοις	ὀλίγαις	ὀλίγοις
Acc.	ὀλίγους	ὀλίγας	ὀλίγα

The feminine form of the adjective follows the same ε, ι, ρ declension as the 1st declension nouns.

	Masc./Fem.	Neut.
Nom.	εὔδοξος	εὔδοξον
Gen.	εὐδόξου	εὐδόξου
Dat.	εὐδόξῳ	εὐδόξῳ
Acc.	εὔδοξον	εὔδοξον
Voc.	εὔδοξε	εὔδοξον
Nom.	εὔδοξοι	εὔδοξα
Gen.	εὐδόξων	εὐδόξων
Dat.	εὐδόξοις	εὐδόξοις
Acc.	εὐδόξους	εὔδοξα

3rd Declension Adjectives:

	Masc.	Fem.	Neut.
Nom.	ἄκων	ἄκουσα	ἆκον
Gen.	ἄκοντος	ἀκούσης	ἄκοντος
Dat.	ἄκοντι	ἀκούσῃ	ἄκοντι
Acc.	ἄκοντα	ἄκουσαν	ἆκον
Voc.	ἄκων	ἄκουσα	ἆκον

	Masc.	Fem.	Neut.
Nom.	ἄκοντες	ἄκουσαι	ἄκοντα
Gen.	ἀκόντων	ἀκουσῶν	ἀκόντων
Dat.	ἄκουσι(ν)	ἀκούσαις	ἄκουσι(ν)
Acc.	ἄκοντας	ἀκούσᾱς	ἄκοντα

> Always get the accent from the neuter nominative, not the masculine nominative

	Masc. / Fem.	Neuter
Nom.	ἀπείρων	ἄπειρον
Gen.	ἀπείρονος	ἀπείρονος
Dat.	ἀπείρονι	ἀπείρονι
Acc.	ἀπείρονα	ἄπειρον
Voc.	ἄπειρον	ἄπειρον

	Masc. / Fem.	Neuter
Nom.	ἀπείρονες	ἀπείρονα
Gen.	ἀπειρόνων	ἀπειρόνων
Dat.	ἀπείροσι(ν)	ἀπείροσι(ν)
Acc.	ἀπείρονας	ἀπείρονα

	Masc./Fem.	Neuter
Nom.	ψευδής	ψευδές
Gen.	ψευδοῦς	ψευδοῦς
Dat.	ψευδεῖ	ψευδεῖ
Acc.	ψευδῆ	ψευδές
Voc.	ψευδές	ψευδές

	Masc./Fem.	Neuter
Nom.	ψευδεῖς	ψευδῆ
Gen.	ψευδῶν	ψευδῶν
Dat.	ψευδέσι(ν)	ψευδέσι(ν)
Acc.	ψευδεῖς	ψευδῆ

αὐτός, αὐτή, αὐτόν— the same; -self

	Masc.	Fem.	Neut.
Nom.	αὐτός	αὐτή	αὐτό
Gen.	αὐτοῦ	αὐτῆς	αὐτοῦ
Dat.	αὐτῷ	αὐτῇ	αὐτῷ
Acc.	αὐτόν	αὐτήν	αὐτό
Nom.	αὐτοί	αὐταί	αὐτά
Gen.	αὐτῶν	αὐτῶν	αὐτῶν
Dat.	αὐτοῖς	αὐταῖς	αὐτοῖς
Acc.	αὐτούς	αὐτάς	αὐτά

Attributive position = "same"
ἡ αὐτὴ κόρη— the same girl

Predicate position = "-self"
ἡ κόρη αὐτή— the girl herself

μέγας, μεγάλη, μέγα— big

	Masc.	Fem.	Neut.
Nom.	μέγας	μεγάλη	μέγα
Gen.	μεγάλου	μεγάλης	μεγάλου
Dat.	μεγάλῳ	μεγάλῃ	μεγάλῳ
Acc.	μέγαν	μεγάλην	μέγα
Voc.	μεγάλε	μεγάλη	μέγα
Nom.	μεγάλοι	μεγάλαι	μεγάλα
Gen.	μεγάλων	μεγάλων	μεγάλων
Dat.	μεγάλοις	μεγάλαις	μεγάλοις
Acc.	μεγάλους	μεγάλᾱς	μεγάλα

πολύς, πολλή, πολύ— much (s), many (pl.)

	Masc.	Fem.	Neut.
Nom.	πολύς	πολλή	πολύ
Gen.	πολλοῦ	πολλῆς	πολλοῦ
Dat.	πολλῷ	πολλῇ	πολλῷ
Acc.	πολύν	πολλήν	πολύ
Voc.		NONE	
Nom.	πολλοί	πολλαί	πολλά
Gen.	πολλῶν	πολλῶν	πολλῶν
Dat.	πολλοῖς	πολλαῖς	πολλοῖς
Acc.	πολλούς	πολλάς	πολλά

πᾶς, πᾶσα, πᾶν — all, whole

	Masc.	Fem.	Neut.
Nom.	πᾶς	πᾶσα	πᾶν
Gen.	παντός	πάσης	παντός
Dat.	παντί	πάσῃ	παντί
Acc.	παντά	πᾶσαν	πᾶν
Nom.	πάντες	πᾶσαι	πάντα
Gen.	πάντων	πασῶν	πάντων
Dat.	πᾶσι	πάσαις	πᾶσι
Acc.	πάντας	πάσας	πάντα

Verbs - Active

πέμπω, πέμψω, ἔπεμψα — to send

INDICATIVE

	Present	Future	Imperfect	1st Aorist
1-	πέμπω	πέμψω	ἔπεμπον	ἔπεμψα
2-	πέμπεις	πέμψεις	ἔπεμπες	ἔπεμψας
3-	πέμπει	πέμψει	ἔπεμπε(ν)	ἔπεμψε(ν)
1-	πέμπομεν	πέμψομεν	ἐπέμπομεν	ἐπέμψαμεν
2-	πέμπετε	πέμψετε	ἐπέμπετε	ἐπέμψατε
3-	πέμπουσι(ν)	πέμψουσι(ν)	ἔπεμπον	ἔπεμψαν

SUBJUCNTIVE

	Present			1st Aorist
1-	πέμπω			πέμψω
2-	πέμπῃς			πέμψῃς
3-	πέμπῃ			πέμψῃ
1-	πέμπωμεν			πέμψωμεν
2-	πέμπητε			πέμψητε
3-	πέμπωσι(ν)			πέμψωσι(ν)

> **The aorist subjunctive endings are added to the unaugmented 3rd principal part.**

Verbs- Middle

πέμπω, πέμψω, ἔπεμψα – to send

INDICATIVE

	Present	Future	Imperfect	1st Aorist
1-	πέμπομαι	πέμψομαι	ἐπεμπόμην	ἐπεμψάμην
2-	πέμπει	πέμψει	ἐπέμπου	ἐπέμψω
3-	πέμπεται	πέμψεται	ἐπέμπετο	ἐπέμψατο
1-	πεμπόμεθα	πεμψόμεθα	ἐπεμπόμεθα	ἐπεμψάμεθα
2-	πέμπεσθε	πέμψεσθε	ἐπέμπεσθε	ἐπέμψασθε
3-	πέμπονται	πέμψονται	ἐπέμποντο	ἐπέμψαντο

SUBJUNCTIVE

	Present			1st Aorist
1-	πέμπωμαι			πέμψωμαι
2-	πέμπῃ			πέμψῃ
3-	πέμπηται			πέμψηται
1-	πεμπώμεθα			πεμψώμεθα
2-	πέμπησθε			πέμψησθε
3-	πέμπωνται			πέμψωνται

The 2nd Aorist: 2nd Aorist forms are formed from 3rd principle parts which end in "ον." They have the same endings as the imperfect tense:

βάλλω, βαλλῶ, ἔβαλον – to throw

	INDICATIVE		SUBJUNCTIVE	
	2nd Aorist Active	2nd Aorist Middle	2nd Aorist Active	2nd Aorist Middle
1-	ἔβαλον	ἐβαλόμην	βάλω	βάλωμαι
2-	ἔβαλες	ἐβάλου	βάλῃς	βάλῃ
3-	ἔβαλε(ν)	ἐβάλετο	βάλῃ	βάληται
1-	ἐβάλομεν	ἐβαλόμεθα	βάλωμεν	βαλώμεθα
2-	ἐβάλετε	ἐβάλετε	βάλητε	βάλητε
3-	ἔβαλον	ἐβάλοντο	βάλωσι(ν)	βάλωνται

Infinitives-

πέμπω, πέμψω, ἔπεμψα & λαμβάνω, λήψομαι, ἔλαβον

	Active	Middle
Present:	πέμπειν	πέμπεσθαι
Future:	πέμψειν	πέμψεσθαι
1st Aorist:	πέμψαι	πέμψασθαι
2nd Aorist:	βαλεῖν	βαλέσθαι

Aorist infinitives are always added to the **unaugmented** 3rd principal part.

2nd Aorist infinitives have persistent accents shown

Imperatives-

πέμπω, πέμψω, ἔπεμψα & λαμβάνω, λήψομαι, ἔλαβον

		Active	Middle
Present:	(s)	πέμπε	πέμπου
	(pl)	πέμπετε	πέμπεσθε
1st Aorist:	(s)	πέμψον	πέμψαι
	(pl)	πέμψατε	πέμψασθε
2nd Aorist:	(s)	λάβε	λαβοῦ
	(pl)	λάβετε	λάβεσθε

Aorist imperatives are always added to the **unaugmented** 3rd principal part.

The 2nd Aorist **singular** imperative has a persistent accent shown

Epsilon Contract Verbs

> **Epsilon Contract Rules**
> 1- ε + ε = ει
> 2- ε + ο = ου
> 3- ε + any long vowel or diphthong = ε disappears

(NOTE- contractions can only appear in the 1st or 2nd principal part- the aorist will never be contracted)

αἱρέω, αἱρήσω, εἷλον– to take, capture choose

ACTIVE

	Imperfect	Present	Future
1-	ᾕρουν	αἱρῶ	αἱρήσω
2-	ᾕρεις	αἱρεῖς	αἱρήσεις
3-	ᾕρει(ν)	αἱρεῖ	αἱρήσει
1-	ᾑροῦμεν	αἱροῦμεν	αἱρήσομεν
2-	ᾑρεῖτε	αἱρεῖτε	αἱρήσετε
3-	ᾕρουν	αἱροῦσι(ν)	αἱρήσουσι(ν)

Imperative s- αἷρει
Imperative pl- αἱρεῖτε
Infinitive- αἱρεῖν

> *the imperative singular is the only epsilon contract form which doesn't have the accent over the contraction

MIDDLE

	Imperfect	Present	Future
1-	ᾑρούμην	αἱροῦμαι	αἱρήσομαι
2-	ᾑροῦ	αἱρεῖ	αἱρήσει
3-	ᾑρεῖτο	αἱρεῖται	αἱρήσεται
1-	ᾑρούμεθα	αἱρούμεθα	αἱρησόμεθα
2-	ᾑρεῖσθε	αἱρεῖσθε	αἱρήσεσθε
3-	ᾑροῦντο	αἱροῦνται	αἱρήσονται

Imperative s- αἱροῦ
Imperative pl- αἱρεῖσθε
Infinitive- αἱρεῖσθαι

Alpha Contract Verbs:

> **Alpha Contract Rules**
> 1- α + ε = ᾱ
> 2- α + ει = ᾳ
> 3- α + ο, ου, or ω = ω

βιάω, βιήσω, ἐβίησα – to force, compel

ACTIVE

	Imperfect	Present	Future
1-	ἐβίων	βιῶ	βιήσω
2-	ἐβίας	βιᾷς	βιήσεις
3-	ἐβία(ν)	βιᾷ	βιήσει
1-	ἐβιῶμεν	βιῶμεν	βιήσομεν
2-	ἐβιᾶτε	βιᾶτε	βιήσετε
3-	ἐβίων	βιῶσι(ν)	βιήσουσι(ν)

Imperative s- βία
Imperative pl- βιᾶτε
Infinitive- βιᾶν

> like epsilon contract verbs, the imperative singular does not accent over the contraction

> the infinitive should have an iota subscript, but does not. Oh well!

MIDDLE

	Imperfect	Present	Future
1-	ἐβιώμεν	βιῶμαι	βιήσομαι
2-	ἐβιῶ	βιᾷ	βιήσει
3-	ἐβιᾶτο	βιᾶται	βιήσεται
1-	ἐβιώμεθα	βιώμεθα	βιησόμεθα
2-	ἐβιᾶσθε	βιᾶσθε	βιήσεσθε
3-	ἐβιῶντο	βιῶνται	βιήσονται

Imperative s- βίω
Imperative pl- βιᾶσθε
Infinitive- βιᾶσθαι

Participles: πέμπω, πέμψω, ἔπεμψα & λαμβάνω, λήψομαι, ἔλαβον

Present Active Participle

	<u>Masc.</u>	<u>Fem.</u>	<u>Neut.</u>
Nom./Voc.	πέμπων	πέμπουσα	πέμπον
Gen.	πέμποντος	πεμπούσης	πέμποντος
Dat.	πέμποντι	πεμπούσῃ	πέμποντι
Acc.	πέμποντα	πέμπουσαν	πέμπον
Nom.	πέμποντες	πέμπουσαι	πέμποντα
Gen.	πεμπόντων	πεμπουσῶν	πεμπόντων
Dat.	πέμπουσι(ν)	πεμπούσαις	πέμπουσι(ν)
Acc.	πέμποντας	πεμπούσᾱς	πέμποντα

Present Middle Participle

	<u>Masc.</u>	<u>Fem.</u>	<u>Neut.</u>
Nom.	πεμπόμενος	πεμπομένη	πεμπόμενον
Gen.	πεμπομένου	πεμπομένης	πεμπομένου
Dat.	πεμπομένῳ	πεμπομένῃ	πεμπομένῳ
Acc.	πεμπόμενον	πεμπομένης	πεμπόμενον
Voc.	πεμπόμενε	πεμπομένη	πεμπόμενον
Nom.	πεμπόμενοι	πεμπόμεναι	πεμπόμενα
Gen.	πεμπομένων	πεμπομένων	πεμπομένων
Dat.	πεμπομένοις	πεμπομέναις	πεμπομένοις
Acc.	πεμπομένους	πεμπομένᾱς	πεμπόμενα

Future Active Participle

	<u>Masc.</u>	<u>Fem.</u>	<u>Neut.</u>
Nom./Voc.	πέμψων	πέμψουσα	πέμψον
Gen.	πέμψοντος	πεμψούσης	πέμψοντος
Dat.	πέμψοντι	πεμψούσῃ	πέμψοντι
Acc.	πέμψοντα	πέμψουσαν	πέμψον
Nom.	πέμψοντες	πέμψουσαι	πέμψοντα
Gen.	πεμψόντων	πεμψουσῶν	πεμψόντων
Dat.	πέμψουσι(ν)	πεμψούσαις	πέμψουσι(ν)
Acc.	πέμψοντας	πεμψούσᾱς	πέμψοντα

Future Middle Participle

	Masc.	Fem.	Neut.
Nom.	πεμψόμενος	πεμψομένη	πεμψόμενον
Gen.	πεμψομένου	πεμψομένης	πεμψομένου
Dat.	πεμψομένῳ	πεμψομένῃ	πεμψομένῳ
Acc.	πεμψόμενον	πεμψομένης	πεμψόμενον
Voc.	πεμψόμενε	πεμψομένη	πεμψόμενον
Nom.	πεμψόμενοι	πεμψόμεναι	πεμψόμενα
Gen.	πεμψομένων	πεμψομένων	πεμψομένων
Dat.	πεμψομένοις	πεμψομέναις	πεμψομένοις
Acc.	πεμψομένους	πεμψομένᾱς	πεμψόμενα

1st Aorist Active Participle

	Masc.	Fem.	Neut.
Nom./Voc.	πέμψᾱς	πέμψᾱσα	πέμψαν
Gen.	πέμψαντος	πεμψάσης	πέμψαντος
Dat.	πέμψαντι	πεμψάσῃ	πέμψαντι
Acc.	πέμψαντα	πέμψᾱσαν	πέμψαν
Nom.	πέμψαντες	πέμψᾱσαι	πέμψαντα
Gen.	πεμψάντων	πεμψᾱσῶν	πεμψάντων
Dat.	πέμψᾱσι(ν)	πεμψάσαις	πέμψᾱσι(ν)
Acc.	πέμψαντας	πεμψάσᾱς	πέμψαντα

All aorist participles are formed from the **unaugmented** 3rd principal part

1st Aorist Middle Participle

	Masc.	Fem.	Neut.
Nom.	πεμψάμενος	πεμψαμένη	πεμψάμενον
Gen.	πεμψαμένου	πεμψαμένης	πεμψαμένου
Dat.	πεμψαμένῳ	πεμψαμένῃ	πεμψαμένῳ
Acc.	πεμψάμενον	πεμψαμένην	πεμψάμενον
Voc.	πεμψάμενε	πεμψαμένη	πεμψόμενον
Nom.	πεμψάμενοι	πεμψάμεναι	πεμψάμενα
Gen.	πεμψαμένων	πεμψαμένων	πεμψαμένων
Dat.	πεμψαμένοις	πεμψαμέναις	πεμψαμένοις
Acc.	πεμψαμένους	πεμψαμένᾱς	πεμψάμενα

2ⁿᵈ Aorist Active Participle

	Masc.	Fem.	Neut.
Nom./Voc.	λαβών	λαβοῦσα	λαβόν
Gen.	λαβόντος	λαβούσης	λαβόντος
Dat.	λαβόντι	λαβούσῃ	λαβόντι
Acc.	λαβόντα	λαβοῦσαν	λαβόν
Nom.	λαβόντες	λαβοῦσαι	λαβόντα
Gen.	λαβόντων	λαβουσῶν	λαβόντων
Dat.	λαβοῦσι(ν)	λαβούσαις	λαβοῦσι(ν)
Acc.	λαβόντας	λαβούσας	λαβόντα

> The only difference between the 2ⁿᵈ aorist active endings, and those of the present, is the accent on the beginning of the ending- it is not recessive.

2ⁿᵈ Aorist Middle Participle

	Masc.	Fem.	Neut.
Nom.	λαβόμενος	λαβομένη	λαβόμενον
Gen.	λαβομένου	λαβομένης	λαβομένου
Dat.	λαβομένῳ	λαβομένῃ	λαβομένῳ
Acc.	λαβόμενον	λαβομένην	λαβόμενον
Voc.	λαβόμενε	λαβομένη	λαβόνενον
Nom.	λαβόμενοι	λαβόμεναι	λαβόμενα
Gen.	λαβομένων	λαβομένων	λαβομένων
Dat.	λαβομένοις	λαβομέναις	λαβομένοις
Acc.	λαβομένους	λαβομένας	λαβόμενα

εἰμί, ἔσομαι — to be

	Present	Imperfect	Present Subjunctive
1-	εἰμί	ἦ	ὦ
2-	εἶ	ἦσθε	ᾖς
3-	ἐστί(ν)	ἦν	ᾖ
1-	ἐσμέν	ἦμεν	ὦμεν
2-	ἐστέ	ἦτε	ἦτε
3-	εἰσί(ν)	ἦσαν	ὦσι(ν)

Infin. εἶναι

Participles: ὤν, οὖσα, ὄν
ὄντος, οὔσης, ὄντος

εἶμι — to come

	Present	Imperfect	Present Subjunctive
1-	εἶμι	ᾖα	ἴω
2-	εἶ	ᾔεισθα	ἴῃς
3-	εἶσι(ν)	ᾔει(ν)	ἴῃ
1-	ἴμεν	ᾖμεν	ἴωμεν
2-	ἴτε	ᾖτε	ἴητε
3-	ἴᾱσι(ν)	ᾖσαν	ἴωσι(ν)

Infin. ἰέναι

Participles: ἰών, ἰοῦσα, ἰόν
ἰόντος, ἰούσης, ἰόντος

Pronouns:
Personal Pronouns

	1st person	2nd person	3rd person
Nom.	ἐγώ	σύ	αὐτός, ή, ό
Gen.	ἐμοῦ / μου	σοῦ / σου	αὐτοῦ, ῆς, οῦ
Dat.	ἐμοί / μοι	σοί / σοι	αὐτῷ, ῇ, ῷ
Acc.	ἐμέ / με	σέ / σε	αὐτόν, ήν, ό
Nom.	ἡμεῖς	ὑμεῖς	αὐτοί, αί, ά
Gen.	ἡμῶν	ὑμῶν	αυτῶν, ῶν, ῶν
Dat.	ἡμῖν	ὑμῖν	αυτοῖς, αῖς, οῖς
Acc.	ἡμᾶς	ὑμᾶς	αυτούς, άς, ά

> In the 1st & 2nd person singular, accented forms are more emphatic than unaccented

Reflexive Pronouns:

	1st person	2nd person	3rd person
Nom.	----------	----------	----------
Gen.	ἐμαυτοῦ, ῆς	σεαυτοῦ, ῆς	ἑαυτοῦ, ῆς, οῦ
Dat.	ἐμαυτῷ, ῇ	σεαυτῷ, ῇ	ἑαυτῷ, ῇ, ῷ
Acc.	ἐμαυτόν, ήν	σεαυτόν, ήν	ἑαυτόν, ήν, ό
Nom.	----------	----------	----------
Gen.	ἡμῶν αὐτῶν	ὑμῶν αὐτῶν	ἑαυτῶν
Dat.	ἡμῖν αὐτοῖς, αῖς	ὑμῖν αὐτοῖς, αῖς	ἑαυτοῖς, αῖς, οῖς
Acc.	ἡμᾶς αὐτούς, άς	ὑμᾶς αὐτούς, άς	ἑαυτούς, άς, ά

> Reflexive Pronouns have no nominative, since they must always refer back to the subject of a

Relative Pronouns:

	Masculine	Feminine	Neuter
Nom.	ὅς	ἥ	ὅ
Gen.	οὗ	ἧς	οὗ
Dat.	ᾧ	ᾗ	ᾧ
Acc.	ὅν	ἥν	ὅ
Nom.	οἵ	αἵ	ἅ
Gen.	ὧν	ὧν	ὧν
Dat.	οἷς	αἷς	οἷς
Acc.	οὕς	ἅς	ἅ

Demonstrative Pronouns:
ὅδε, ἥδε, τόδε — this, these

	Masculine	Feminine	Neuter
Nom.	ὅδε	ἥδε	τόδε
Gen.	τοῦδε	τῆσδε	τοῦδε
Dat.	τῷδε	τῇδε	τῷδε
Acc.	τόνδε	τήνδε	τόδε
Nom.	οἵδε	αἵδε	τάδε
Gen.	τῶνδε	τῶνδε	τῶνδε
Dat.	τοῖσδε	ταῖσδε	τοῖσδε
Acc.	τούσδε	τάσδε	τάδε

οὗτος, αὕτη, τοῦτο — this, these

	Masculine	Feminine	Neuter
Nom.	οὗτος	αὕτη	τοῦτο
Gen.	τούτου	ταύτης	τούτου
Dat.	τούτῳ	ταύτῃ	τούτῳ
Acc.	τοῦτον	ταύτην	τοῦτο
Nom.	οὗτοι	αὗται	ταῦτα
Gen.	τούτων	τούτων	τούτων
Dat.	τούτοις	ταύταις	τούτοις
Acc.	τούτους	ταύτας	ταῦτα

> When a Demonstrative Pronoun is used as an adjective, you must always write the article with it: οὗτος ὁ ἄνθρωπος

ἐκεῖνος, ἐκείνη, ἐκεῖνο — that, those

	Masculine	Feminine	Neuter
Nom.	ἐκεῖνος	ἐκείνη	ἐκεῖνο
Gen.	ἐκείνου	ἐκείνης	ἐκείνου
Dat.	ἐκείνῳ	ἐκείνῃ	ἐκείνῳ
Acc.	ἐκεῖνον	ἐκείνην	ἐκεῖνο
Nom.	ἐκεῖνοι	ἐκεῖναι	ἐκεῖνα
Gen.	ἐκείνων	ἐκείνων	ἐκείνων
Dat.	ἐκείνοις	ἐκείναις	ἐκείνοις
Acc.	ἐκείνους	ἐκείνας	ἐκεῖνα

οὐδείς & μηδείς

	Masculine	Feminine	Neuter	Masculine	Feminine	Neuter
Nom.	οὐδείς	οὐδεμία	οὐδέν	μηδείς	μηδεμία	μηδέν
Gen.	οὐδενός	οὐδεμιᾶς	οὐδενός	μηδενός	μηδεμιᾶς	μηδενός
Dat.	οὐδενί	οὐδεμιᾷ	οὐδενί	μηδενί	μηδεμιᾷ	μηδενί
Acc.	οὐδένα	οὐδεμίαν	οὐδέν	μηδένα	μηδεμίαν	μηδέν

> Verbs normally negated by οὐ are negated by οὐδείς,
> and verbs negated by μή are negated by μηδείς

Time Expressions

Greek uses three different cases to express time, the Genitive, Dative & Accusative, and each case expresses a different aspect of time:

Genitive	Dative	Accusative
Time within which	Time when	Duration
πέντε ἡμερῶν (within 5 days)	πέμπτῃ ἡμέρῃ (on the 5th day)	πέντε ἡμέρας (for 5 days)
δέκα ἐτέων (within 10 years)	δεκάτῳ ἔτῃ (in the 10th year)	δέκα ἔτεα (for 10 years)
ἑνός μηνός (within 1 month)	πρώτῳ μηνί (in the 1st month)	ἕνα μηνά (for 1 month)

GLOSSARY

NOTE- Words in **bold** are required learning from the chapters.

ἀγαθός, ή, όν– good, suitable
ἀγγέλειν – to announce
ἄγγελος, ου, ὁ– messenger
ἀγορά, ἀγορᾶς, ἡ– agora
ἄγω, ἄξω, ἤγαγον– to lead
ἀδελφός, οῦ, ὁ– brother
ἀεί– always, forever
ἀθάνατος, ον– immortal
Ἀθῆναι, ῶν, αἱ– Athens (the city) (*note- most city names are plural)
Ἀθηναῖοι, ων, οἱ– the Athenians
ἆθλος, ου, ὁ–contest
ἀθρόος, α, ον– crowded
ἄθυμος, ον– sad, downcast
ἀθφοσύνη, ης, ἡ– foolishness
Αἴγυπτος, ου, ὁ– Egypt
αἴξ, αἰγός, ὁ– goat
αἱρέω, αἱρήσω, εἷλον– to take, capture; (mid) choose
ἆρα– introduced a yes or no question
αἴτησον– ask (imperative)
ἀκούω, ἀκούσομαι, ἤκουσα– to hear, listen to [+ acc. of thing hear *or* gen. of person heard]
ἀκρόπολις, εως, ἡ– acropolis (the highest point in the city)
ἀλεκτρυών, ἀλεκτρυόνος, ὁ– a rooster
Ἀλκιβιάδης, ου, ὁ– Alcibiades
ἀλλά– but
ἄλλος, ἄλλη, ἄλλο– other, another
ἅλς, ἁλός, ὁ–salt
ἀλώπηξ, ἀλώπεκος, ὁ– fox
ἁμαξίς, ἁμαξίδος, ἡ– a little wagon
ἀμείνον– better
ἀναβαίνω– to mount, get on
ἄνασσα, ης, ἡ– princess
ἀναφερέω– to bring/carry up
ἀναφύσω– to make grow
ἀνακύπτω–to emerge

ἀνδρεῖος, ἀνδρεία, ἀνδρεῖον – brave
ἀνήρ, ἀνδρός, ὁ – man
ἄνθος, ἄνθεος, τό – flower
ἄνθρωπος, ου, ὁ – man, human being
ἄντρον, ου, τό – cave
ἀξίνη, ης, ἡ – axe
ἀπαιρησόμενος – intending to take away from
ἀπαμύνω – to ward off
ἀπατάω, ἀπατήσω, ἠπάτησα – to trick, deceive
ἀπατή, ῆς, ἡ – deception, trick
ἀπελαύνω – to drive off
ἀπό + gen – from, away from, apart from
ἀπόδοτε – pay it
ἀπόκρημνος, ον – sheer, precipitous
ἀποκτείνουσι – they kill
ἀπορρέω, ήσω – to fade away
ἀπουσία, ας, ἡ – absence
Ἀράβιος, η, ον – Arabian
ἀράχνη, ης, ἡ – spider
ἀργύρες, α, ον – silvery
ἄργυρος, ου, ὁ – silver
ἀρετή, ἀρετῆς, ἡ – bravery, courage, virtue
ἀρτάω – to hang
Ἀρτεμβάρης, ου, ὁ – Artembares (a Persian)
ἀρτίως – recently
ἀρτοκόπος, ου, ὁ – baker
ἄρχω, ἄρξω, ἦρξα – to rule, command; begin (+ gen.)
Ἀσία, ης, ἡ – Asia
Ἀσκληπιός, οῦ, ὁ – Asclepius, the god of healing
ἄσταχυς, ἀστάχυος, ὁ – ear of corn
ἀστυγείτων, ον – neighboring
αὖθις – again
αὐτίκα – immediately, at once
αὐτός, ή, ό – the same; -self, -selves; He, She, It, Them
αὐτοῦ, ῆς, οῦ – his, hers, its, theirs
αὐτουργός, οῦ, ὁ – farmer
ἄφρων, ον – crazy, insane
βαθύτατος, η, ον – tallest
βαίνω, βήσομαι, ἔβην – to go, walk

βάκτριοι, ων, οἱ – the Bactrians
βάλλω, βαλλῶ, ἔβαλον – to throw, hit, strike, shoot
βασιλεύς, εός, ὁ – king
βιάω, βιήσω, ἐβίησα – to force, compel
βίος, ου, ὁ – life
βλάπτω, βλάψω, ἐβλάψα – to harm, hurt, damage, hinder
βλάστανω, βλαστήσω – to grow
βλέπω, βλέψω, ἔβλεψα – to look, look at, see
βοά, ᾶς, ἡ – shout
βουλή, ῆς, ἡ – advice, council
βούλομαι – I want (= ἐθέλω)
βοῦς, βοός, ὁ – cow
βύρσα, ης, ἡ – ox-hide
βωμός, οῦ, ὁ – altar
γάμος, ου, ὁ – marriage
γάρ – (postpositive) for
γε – (postpositive) emphasizes the preceding word "indeed," "at least"
γελάω – to laugh
γενήσεται – he will become
γένος, γένεος, τό – race, species
γῆ, γῆς, ἡ – land, earth
γίγνομαι, γενήσομαι, ἐγενόμην – to be, become
γίγνεσθαι – to become (infinitive of γίγνομαι)
γνώμη, ης, ἡ – purpose
γράμμα, γράμματος, τό – letter, writing
γραφή, ῆς, ἡ – image, picture
γράφω, γράψω, ἔγραψα – to write
δ'ὀλίγου – for a long time
δέ – (postpositive) and, but
δένδρον, ου, τό – tree
δεῖπνον, ου, τό – meal, dinner
δεινός, ή, όν – fearsome
δή – (postpositive) now, in truth, surely, really
δῆμος, ου, ὁ – the people, population
δημοκρατία, ας, ἡ – democracy
δίαιτα, ης, ἡ – a way of life
δίφρος, ου, ὁ – chariot
διά + gen. – through, by means of, during
διαφθορά, ᾶς, ἡ – destruction

διατέμνω – to cut into pieces
δικάζω – to deecide, judge
διώκω – to chase, pursue, follow
δόξα, ης, ἡ – glory, reputation, fame; belief
δορά, ᾶς, ἡ – hide, skin
δοῦλος, ου, ὁ – slave
δουλούω, δουλεύσω, ἐδούλευσα – to be a slave, be a slave to (+dat)
δραχμή, ῆς, ἡ – drachma (a Greek unit of money)
δρόμος, ου, ὁ – foot race
δύναμαι – to be able
δύο – two
δύσοσμος, ον – ill-smelling place
δυνατός, ή, όν – able, possible, powerful
δυσπετῶς – very difficultly
δώσω – I will give
δῶρον, ου, τό – gift, bribe
ἑαυτοῦ, ῆς, οῦ – himself, herself, itself, themselves (reflexive)
ἐγώ – I
ἔδωκεν – he/she gave
ἐθέλω, ἐθελήσω, ἠθέλησα – to wish, want, be willing
ἔθηκαν – they laid
εἰ – if
εἰ μή – unless
εἴδωλον, ου, τό – image, phantom
εἰμι – I am
εἶπεν – he/she said
εἰρήνη, ης, ἡ – peace
εἰς + **acc.** - into
εἰσί(ν) – they are
ἐκ + **gen.** - out from, away from
ἑκαστέρω – (indeclinable) farther off
ἕκαστος, η, ον – each, each one
ἑκατέρωθεν – on each side
ἐκβάλλω – to drop
ἐκκλησία, ας, ἡ – the assembly
ἐκλέγω – to choose
ἐλαία, ας, ἡ – olive
ἐλάττων, ἐλάττονος + gen. - smaller than...
ἐλαύνω – to drive

ἔλαφος, ου, ὁ – deer
ἐλεέω, ήσω – to pity
ἐλευθερία, ᾱς, ἡ – freedom
Ἑλλάς, Ἑλλάδος, ἡ – Greece
ἐμαυτοῦ, ῆς – myself (reflexive)
ἐμός, ή, όν – my
ἐν + dative- in, on
ἐν ᾧ – while
ἕνεκα + gen.- because of (postpositive)
ἐνεδρεύω, σω, ἐνήδρευσα – to lie in ambush
ἐνθαῦτα – there
ἔνιοι, αι, α – some, a few
ἐπί + acc- towards, up to
ἐπί + dat= on
ἐπὶ γέλωτι – as a joke
ἐπὶ πῆχυν πλάτος – up to the width of a fore-arm
ἐπεί – when, since
ἔπειτα – then, next, after
ἐπερωτάω, ήσω – to question
ἐπιτάττω – to order
ἕπομαι, ἕψομαι, ἑσπόμην – to follow (+dative)
ἐρημία, ᾱς, ἡ – desert
ἔρσην – male (adj)
ἔρχομαι – to go
ἔρως, ἔρωτος, ὁ – love
ἐς + acc. = against
ἐσθίω – to eat
ἐστί – he/she/it is
ἐσχάπτος, η, ον – outermost
ἕτερος, α, ον – one of the...
ἔτι – yet, still
εὔδοξος, ον – well known, famous
εὐθύς – immediately, at once
εὑρίσκω, εὑρήσω, ηὗρον **OR** εὗρον – to find, discover
εὐωδέστατος, η, ον – very fragrant
ἐφέλκω – to drag after, to lag behind
ἐχθρός, οῦ, ὁ – enemy
ἔχω, ἕξω, ἔσχον – to have, hold
ἕως – while

ζεῖνος, ου, ὁ— stranger
ζῷον, ου, τό— animal
ἤ— or
ἥ—who (rel. pronoun- what is feminine for it to agree with?)
ἡγεμονία, ας, ἡ— lordship
ἡγεμών, ἡγεμόνος, ὁ— ruler
ἦλθαν— they came
ἥλιος, ἡλίου, ὁ— the sun
ἡμᾶς— us (acc. pl)
ἡμεῖς— We
ἡμέρα, ας, ἡ— day
ἡμέτερος, η, ον— our
ἡμῶν αὐτῶν— ourselves (reflexive)
ἦν— there was
ἡνία, ας, ἡ— reins
ἠπιώτερος, α, ον— kinder that (+gen)
θάλαττα, θαλάττης, ἡ— sea
θάνατος, ου, ὁ— death
θαυμάζω— to admire, be amazed at
θαυμαστός, ή, όν—amazing
θαυμαστότερος, α, ον— more wondrous
θαυμαστοτέρως— more amazingly
θεά, θεᾶς, ἡ— goddess
θέλω— want
θεός, οῦ, ὁ— god
θερμός, ή, όν— hot
θερμός, οῦ, ὁ— heat
θῆλυς— female (adj)
θήρα, ας, ἡ— the hunt
θηρεύω, θηρεύσω— to hunt
θηρίον, ου, τό— beast, wild animal
Θρασυβούλος, ου, ὁ— Thrasybulus
θυλάκιον, ου, ὁ— sack, bag
θυμιάω— to burn
θυμός, οῦ, ὁ— anger
θυσία, ας, ἡ— sacrifice
θύω, θύσω, ἔθυσα— to sacrifice
Ἰάσων— Jason

ἰατρική, ῆς, ἡ – medicine
ἱερόν, οῦ, τό – temple, shrine
ἱερός, ά, όν – sacred
ἱκνέομαι, ἵξομαι, ἱκόμην – to come
ἵνα δῷς – "that you give"
Ἰνδία, ας, ἡ – India
Ἰνδοί, ῶν, οἱ – the Indians
ἵππος, ου, ὁ – horse
ἱστουργία, ας, ἡ – weaving
ἰσχυρός, ά, όν – strong
Ἰωάννος ὁ βαπτιστός – John the Baptist
καί – and, also
καὶ δή – also, moreover
καίω, καύσω – to burn
κακός, ή, όν – bad, evil
καλέω, καλῶ, ἐκάλεσα – to call
καλιστός, ή, όν – most beautiful
καλός, ή, όν – good, beautiful
Καλυδών, ῶνος, ὁ – Calydon
κάμηλος, ου, ὁ/ἡ – camel
καπνός, οῦ, ὁ – smoke
καπρόν, οῦ, τό – fruit
κάπρος, ου, ὁ – boar
κάρφος, εος, τό – dry stick
κασία, ας, ἡ – cassia
Κασπάτυρος, ου, ὁ – (city) Caspatryus
κατ'ἀρχάς – from the beginning
κατά + acc – down from, down
καταβάλλω – to overthrow
καταδέω – to bind, cover
κατακόπτω, κατακόψω, κατέκοψα – to cut down, kill, slay
κατοικέω – to dwell
καταπέτομαι – to fly down
καταρρηγνύω – to break down
κατασκευάζομαι – to be furnished with (+dat)
κατασκευή, ῆς, ἡ – furnishings
καῦμα, καύματος, τό – heat
κελεύω, κελεύσω, ἐκέλευσα – to order, command (+ acc & infinitive)
κεῖμαι – to lie, lie still, rest

κεῖνος, η, ον – that, he, she
κεραυνός, οῦ, ὁ – thunderbolt
κεφαλή, ῆς, ἡ – head
κιννάμωμον, ου, τό – cinnamon
κλίνη, ης, ἡ – couch
κολάζω – to punish
κολούω, κολούσω, ἐκόλουσα – to cut short
Κολχίς, ίδος, ἡ – Colchis
κόπτω, κόψω, ἔκοψα – to strike, cut, kill
κόρη, κόρης, ἡ – girl, daughter
Κόρινθος, ου, ἡ – Corinth
Κρίων – Crito, his friend
κτάομαι – to get for oneself
κυβενᾶν – to steer (infin.)
κύκλος, ου, ὁ – circle
κυνές – dogs
Κῦρος, ου, ὁ – Cyrus (Persian Emperor)
Κύψελος, ου, ὁ – Cypselus
κυών, κυνός, ὁ – dog
κώδιον, ου, τό – fleece
κώμη, ης, ἡ – village
λαβή, ῆς, ἡ – handle
λάδανον, ου, τό – an aromatic gum
Λακεδαιμόνιοι, ων, οἱ – the Lacedaemonians (Spartans)
λαμβάνω, λήψομαι, ἔλαβον – to take, seize
λέγω, λέξω, ἔλεξα or **εἶπον** – to say, speak, tell
λείπω, λείψω, ἔλιπον – to leave, leave behind
λήιον, ου, τό – crop
λιβανωτός, οῦ, ὁ – frankincense
λιβανωτοφόρος, ον – bearing frankincense
λίθος, ου, ὁ – stone, rock
λίμνη, ης, ἡ – lake
λόγος, ου, ὁ – word, speech, story
λουτρόν, ου, τό – bath
λύπη, ης, ἡ – pain, suffering
λυπρός, ά, όν – wretched, miserable
λύω, λύσω, ἔλυσα – to free, loosen
μαθηνταί, ῶν, οἱ – disciples
μακρός, ά, όν – large, long

μαλακός, ή, όν— soft
μᾶλλον ἤ—rather than
μανθάνω, μαθήσομαι, ἔμαθον— to understand
μανία, ας, ἡ— madness (-mania, manic)
μαντεῖον, ου, τό— prophecy, oracle
Μαρδόνιος, ου, ὁ— Mardonius (the Persian general)
μάτηρ, ματρός, ἡ— mother
μάτρα— mother (acc)
μάχαιρα, ας, ἡ— sword
μάχη, ης, ἡ— battle, fight
μαχιμώτατος, η, ον— most warlike
μάχομαι, μαχοῦμαι, ἐμαχεσάμην— to fight
μέγας, μεγάλα, μέγα— big
μείζων, ον + gen.- larger than...
μέλλω, μελλήσω, ἐμέλλησα— to be about to, to be destined to (+infinitive)
μέλος, εος, τό— limb
μέν... δέ— one the one hand... on the other hand
μένω, μενῶ, ἔμεινα— to stay, remain
μέρος, εος, τό— part, portion
μέσον, ου, τό— difference
μεσός, ή, όν— middle (of)
μεστός, ή, όν +gen.- full of
μετά + gen.- with, among, between
μετὰ σπουδῆς— with haste
μεταβάλλω— to change, transform
μεταπέμπω— to send for
μὴ ἀμελήστε— don't neglect it
μὴ φεῦγε— don't flee!
μῆλον, ου, τό— apple
μητρὶ— (dat)- mother
μῑκρός, ά, όν— small, short
Μίλητος, ου, ἡ— Miletus
μισέω— to hate
μνημεῖον, οῦ, τό— tomb
μοῖρα, μοίρας, ἡ— fate
μόνος, μούνη, μόνον— alone, only
μόνον— (adv)- only
μουσική, ῆς, ἡ— music

μύρμηξ, μύρμηκος, ὁ– ant
Ναί– it is true
ναυτικόν, οῦ, τό– fleet
νεανίης, ου, ὁ– young man
νεκρός, οῦ, ὁ– corpse
νέος, α, ον– young
νέος, ου, ὁ– young man
νεοττία, ᾱς, ἡ– nest
νήπιος, ου, ὁ/ἡ– infant
νῆσος, ου, ἡ– island
νικάω, νικήσω, ἐνίκησα– to win, conquer
νίκη, ης, ἡ– victory
νομίζω– to think
νόμος, ου, ὁ– law, custom
νοστέω, νοστήσω– to return
νυμφεύω– to marry (+ dative)
νύμφη, ης, ἡ– nymph
νῦν– now
νύξ, νυκτός, ἡ– night
Ξέρξης– Xerxes (the Persian king)
ξύλον, ου, τό– club
ξυλουργία, ᾱς, ἡ– carpentry
ὅ– who (relative pronoun)
ὃ ἐὰν θέλῃς– "whatever you want"
ὅδε, ἥδε, τόδε– this/these
ὁδός, οῦ, ἡ– road
ὀϊζρός, ά, όν– pitiable, wretched
οἰκέω– to dwell, live in, occupy, inhabit
οἶκος, οἴκου, ὁ– house
οἰκούμενος, η, ον– inhabited
οἶς, οἰός, ὁ– sheep
οἰστός, οῦ, ὁ– arrow
ὀλίγος, η, ον– a few
ὀλιγαρχία, ᾱς, ἡ– oligarchy
Ὄλυμπος, ου, ὁ –Mt. Olympus
ὄνομα, ὀνόματος, τό– name
ὀνόματι– by the name of
ὄνος, ου, ὁ– donkey
ὅπλον, ου, τό– shield

ὀπτάω– to cook
ὁράω– to see
ὄρος, εος, τό– mountain
ὀργή, ῆς, ἡ– anger
ὄρνις, ὄρνιθος, ὁ– bird
ὀσμή, ῆς, ἡ– perfume
ὀσφραίνομαι + gen.- to smell
ὅτι– since
οὗ– where
οὐ, οὐκ, οὐχ– not
οὐ βαθέα– not deep
οὐ δύνεται– he is not able
οὐδαμοῦ– nowhere else
οὐδέ– and… not
οὐδείς– no one, none
οὐδείς, οὐδεῖα, οὐδέν– nothing
οὐδεὶς δὲ ἄλλος– nothing other than…
οὐδέν– nothing
οὐκ ἔχουσιν εἰπεῖν– they do not know
οὐκέτι– no longer
οὖν– (postpositive) so, then
οὐρά, ᾶς, ἡ– tail
οὐρανός, οῦ, ὁ– sky
οὔτε…οὔτε– neither… nor (*note the funny accent*)
οὕτω– thus
οὕτω(ς)- so (the –ς is used when the next word begins with a vowel)
ὀφείλω– to owe
ὀφθαλμός, οῦ, ὁ– eye
ὄφις, ὄφιος, ὁ– snake
ὀψοποιός, οῦ, ὁ– cook
παῖς, παιδός, ὁ / ἡ– child, boy/girl
Παναθήναια, ων, τά– The Panathenaia festival
παραπέτασμα, ατος, τό– curtains
παραπλήσιος, η, ον– similar to (+dat)
παρασκευάζω– to prepare
παρασκευή, ῆς, ἡ– preparation
παρέχω, παρέξω, παρέσχον– to furnish, supply, provide (give)
πάτηρ, πατρός, ὁ– father
πάτερα– father (acc. s)

Παυσανίης, – Pausanias (the Greek general)
παύω, παύσω – to stop
πεδιάς, πεδιάδος (adj) – flat
πεδίον, ου, τό – plain
πειθόμενοι – agreeing with the subject "we" – obeying
πέμπω, πέμψω, ἔπεμψα – to send
πεπαίνω – to reach maturity
περί + acc – about, near, concerning, around
περί + gen. – about
Περίανδρος, ου, ὁ – Periander, tyrant of Corinth
πηλός, οῦ, ὁ – earth
πῆλυς, εος, ὁ – fore-arm
πίνακι (dat.) – a platter
πίνω – to drink
πλείων, ον – larger
πλέω – to sail
πλήν + gen – except
πληρόω – to fill
ποιέω, ποιήσω, ἐποίησα – to make, do
ποικίλος, η, ον – many colored
ποιμήν, ποιμένος, ὁ – shepherd
πόθεν – from where?
πολλὰς ἡμέρας – for many days
πόλεμος, ου, ὁ – war
πόλιν – city (acc.)
πολύς, πολλή, πολύ – much (s), many (pl)
πολλῷ ὕστερον – much later
πομπή, ῆς, ἡ – procession
πονέω, πονήσω – to suffer
πρᾶγμα, πράγματος, τό – deed, thing, affair
πρό + gen – before, in front of, instead of
πρόκειμαι – to be set out
προλαμβάνω – to get a head start
πρός + accusative – to, towards
πρός + dative – near
πρὸς ἄρκτου... ἀνέμου – "from the bear & north wind" = north of
πρόσωπον, ου, τό – face
πρῶτον – first
ποταμός, οῦ, ὁ – river

πότε – when?
ποτέ – once, one day
ποῦ – where?
πούς, ποδός, ὁ – foot
πτερωτός, η, ον – feathered
πυνθάνομαι, πεύσομαι, ἐπυθόμην – to learn by inquiry, ask
πῦρ, πυρός, τό – fire
πώγων, πώγωνος, ὁ – beard
πῶς – how?
Πωσειδῶν – Poseidon (nom)
ῥῆμα, ῥήματος, τό – (here dative) – word, saying
ῥίπτω, ῥίψω, ἔρριψα – to throw away
σεαυτοῦ, ῆς – yourself (s) (reflexive)
σελήνη, ης, ἡ – moon
Σικελία, ας, ἡ – Sicily
σῖτος, ου, ὁ – food
σμύρνη, ης, ἡ – myrrh
σός, ή, όν – your (s
σοφία, ας, ἡ – wisdom
σοφός, ή, όν – wise
σπείρω – to farm, cultivate
σπεκουλάτορα – (acc. sing) – executioner
σταθμός, οῦ, ὁ – a stable, weight (irregular plural – σταθμά, τά)
στέλλω – to set out
στέφανος, ου, ὁ – crown
στρατηγός, οῦ, ὁ – general
στύραξ, στύρακος, ἡ – storax (a kind of resin)
σύ – You (s)
συλλάμβανω – to save
συλλέγω – to collect, gather
συμβουλεύω, σω – to advise
συνάγω – to bring together
συνέρχομαι – to assemble, come together
Σφακτηρία, ας, ἡ – Sphactria
σώζω, σώσω, ἔσωσα – to save
σῶμα, σώματος, τό – body
τάραττω – to disturb
τάχα – (adv) – soon
ταχέως – quickly

ταχύς, ταχεῖα, ταχύ – fast, quick
τε... καί – both... and
τέκνον, ου, τό – child
τέλος – (adv) – finally
τελευτάω, τελευτήσω, ἐτελεύτησα – to finish, die
τέχνη, ης, ἡ – art, skill, trick
τῇδε – here, in this place
τί – why?
τί αἰτήσωμαι – "what should I ask for?"
τίκτω – to bring forth, create
τιμάω, τιμήσω, ἐτίμησα – to honor
τὶς, τὶ – who, what, which
τοιήνδε διάτιαν – such a way of life
τοίνυν – therefore
τοξική, ῆς, ἡ – archery
τόξον, ου, τό – bow
τράπεζα, ης, ἡ – table
τραχύς, εῖα, ύ – rugged, rough
τρέχω – to run
τρίαινα – with his trident
τρίζω – to scream, screech
τυραννεύω + gen = to rule as a tyrant
τυραννίς, τυραννίδος, ὁ – tyrant
τυραννός, οῦ, ὁ – tyrant
τύχη, τύχης, ἡ – fortune, luck
τῶνδε – this
ὕδωρ, ὕδατος, τό – water
ὑθαίνω – to weave
υἱός, οῦ, ὁ – son
ὕλη, ης, ἡ – woods, forest
ὑμεῖς – Y'all (pl)
ὑμέτερος, η, ον – your (pl)
ὑμῶν αὐτῶν – yourselves (pl) (reflexive)
ὑπέροχος, η, ον – eminent, distinguished
ὑπό + dative – under, subject to
ὑποδέω – to fasten under
ὑποζύγιον, ου, τό – beast of burden
ὑπόπτερος, α, ον – winged
φέρω – to bring, carry

φεύγω, φεύξομαι, ἔφυγον – to flee, escape
φησίν – he says
φθείρω, φθερῶ, ἔφθειρα – to ruin, destroy
φιλέω, φιλήσω, ἐφίλησα – to love, like
φίλη, φίλης, ἡ – friend (female)
φοβερός, ή, όν – afraid
φοβέω, φοβήσω, ἐφόβησα – to frighten, terrify
φόβος, ου, ὁ – fear
φορέω – to bear, carry
φράζω – to show
φρέαρ, ατος, τό – well
φυγγιγνώσκω – to agree
φυλακή, ῆς, ἡ – prison
φυλάττω – to guard
φύλλον, ου, τό – leaf
φύω, φύσω, ἔφυσα – to grow, produce
φωνή, ῆς, ἡ – voice
χαίρω – to rejoice
χαλεπός, ή, όν – angry
χρόνος, ου, ὁ – time
χρύσεος, α, ον – golden
χρυσός, ου, ὁ – gold
χρυσοῦς, ῆ, οῦν – golden
χώρα, ας, ἡ – land, country, territory, place
ψάμμος, ου, ἡ – sand
ψυχρός, ά, όν – cold
ὥστε – that, so that, as to
ὡς – as
ὠφελέω – to help
ὧδε – in this way